发展迟缓儿童早期干预
教学指导用书（上册）

肖非　戚克敏　编著

2014年·北京

图书在版编目(CIP)数据

发展迟缓儿童早期干预教学指导用书.上册/肖非,戚克敏编著.—北京:商务印书馆,2014
ISBN 978-7-100-09414-6

Ⅰ.①发… Ⅱ.①肖…②戚… Ⅲ.①儿童教育—特殊教育—早期教育—教学参考资料 Ⅳ.①G76

中国版本图书馆 CIP 数据核字(2014)第 093175 号

所有权利保留。

未经许可,不得以任何方式使用。

发展迟缓儿童早期干预教学指导用书
上 册
肖非 戚克敏 编著

商 务 印 书 馆 出 版
(北京王府井大街36号 邮政编码 100710)
商 务 印 书 馆 发 行
北京中科印刷有限公司印刷
ISBN 978-7-100-09414-6

2014年5月第1版　　开本 787×1092 1/16
2014年5月北京第1次印刷　印张 17 3/4
定价:53.00元

发展迟缓儿童特殊教育教材出版前言

中国宋庆龄基金会

有人说，公益慈善事业是最伟大的人道主义事业，不同地域、不同民族中每一颗善良的心都为之倾情，如同一只只燃烧的火把连成一片，持久地燃起更多人的心灯，薪火相传，为文明、和谐的社会通途架起一座爱的桥梁。

1982年5月，为纪念国家名誉主席宋庆龄，在邓小平等老一辈革命家的倡议下，中央决定成立中国宋庆龄基金会。基金会成立以来，紧紧围绕党和国家工作大局，遵循"增进国际友好、促进祖国统一、发展少儿事业"三项宗旨，在社会各界的大力支持下，充分发挥人民团体和公益机构双重职能的优势，传承事业，传播友谊，传递希望，不断弘扬公益精神，传播公益理念，做了大量卓有成效的工作，赢得了良好声誉，在国内外产生了积极影响。

发展迟缓儿童特殊教育教材的编写与出版发行，恰恰契合了中国宋庆龄基金会的宗旨和理念，它不仅填补了国内0~6岁发展迟缓儿童特殊教育中的一项空白，同时，教材以促进福利院儿童"和谐发展"为取向的课程目标，在如何使公益发展和专业服务更适合社会需求这一问题上做了有益的探索。

特殊教育的成绩来之不易，经验弥足珍贵。15年来，这一项目从机构、家庭发展到社区，从普遍治疗到个案操作，将项目从单纯的救助型向科研、培训、社区宣教、医疗救助、寄养康复、教材研发等多个领域延伸。特别值得一提的是，多年来，两岸围绕发展迟缓儿童早期疗育，怀着对特殊教育的深厚感情进行交流。我们把台湾地区先进的特教理念和成熟的经验引进大陆儿童福利机构，同时在大陆特殊教育领域处于领先地位的学校的带动下，通过资源重组与调整，把这一套专业的发展迟缓儿童特殊教育教材作为最后的项目成果回馈给社会，使我们项目的公益价值得以延续。

发展特殊教育，不仅能有效减轻千万家庭负担，而且能为社会的和谐与稳定增添"正能量"。党的十八大明确提出要支持特殊教育，将发展特殊教育摆在民生工程的重要位置。今年初，国务院启动了《特殊教育提升计划（2014—2016年）》，目的是让残疾儿童和其他健全人一样，享有基本的政治、社会、经济、文化权利。加强福利院孤残儿童的特殊教育，不应仅仅停留在养护与医疗救治和康复层面上，它既是一个国家社会进步、教育发展的重要标志，也是保障每一个个体享有基本人权、促进教育公平的重要举措。

　　发展特殊教育是社会文明进步的必然要求。本套教材的出版发行，凝聚着诸多行业和领域中热心公益事业的有识之士的心血，它不仅是中华优秀传统文化的弘扬，是"以人为本"、"和谐社会"理念的实践，更是将善意转化为善行，让大爱充满人间的行动。在此要特别感谢台湾地区的富邦文教基金会15年来的慷慨捐赠，感谢中国儿童福利和收养中心的通力合作，感谢商务印书馆的倾情支持，感谢各位专家、学者以及为此书编纂、修订和出版发行做出贡献的爱心人士的辛勤劳作。中国宋庆龄基金会愿同所有人一道继续支持和关心特殊教育事业，并在公益慈善事业中凝聚爱、传递爱、感受爱，让世界因爱而更美好！

序

窦玉沛

福利机构孤残儿童特殊教育是我国残疾儿童特殊教育的重要组成部分,也是儿童福利机构"养、治、康、教、置"五位一体工作的重要方面,历来受到党和政府的高度重视。近年来,随着经济发展、社会进步和教育事业的蓬勃发展,福利机构孤残儿童特殊教育工作进入了快速发展时期,特别是国家孤儿保障制度的全面建立和儿童福利机构的规范建设,为孤残儿童特殊教育提供了制度化的保障,也对福利机构的特殊教育工作提出了更高的要求。

福利机构养育的孤残儿童与家庭中生活的儿童一样,享有受教育的权利。由于福利机构的孤残儿童患有多重疾病和残疾,无法到普通学校就读,因而在福利机构中建立特教学校、特教班和特教点,在孩子们成长的关键时期,有针对性地开展适合他们特殊需要的早期教育、学龄前教育、义务教育、职业及生活技能培训,是帮助其摆脱困境、实现其健康发展的重要途径,具有十分重要的作用。

特殊教育是一门科学,要用专业的方法指导教育实践,才能产生切实有效的成果。近年来,各地福利机构立足自身条件,因地制宜,创造了一些好的教学模式,取得了很好的效果。但由于多方面的原因,福利机构中的特殊教育工作与孤残儿童成长的需要还有一定距离,专业教师匮乏、没有规范的专业教材等是福利机构特殊教育工作面临的瓶颈。因此,建设一支专业化教师队伍和提升教学专业化、规范化水平是当前福利机构特殊教育工作中非常重要和十分紧迫的任务。

为规范和推进福利机构的特殊教育,解决福利机构儿童早期教育教材缺失的问题,中国儿童福利和收养中心在民政部的指导下,从2011年起,与中国宋庆龄基金会、富邦文教基金会共同合作开展了"福利机构儿童早期教育教材实验与推广"项目。项目主要针对福利机构内因各种残疾和疾病导致发育迟缓的0~6岁儿童的早期教育,聘请北京师范大学特殊教育专家编写了儿童福利机构《发展迟缓儿童早期干预教学指导用书》。两年间,这套教材已在14个福利机构进行了教学试验并取得了良好的效果。为使更多的孤残儿童从中受益,《发展迟缓儿童早期干预教学指导用书》将由商务印书馆正式出版。这是孤残儿童的福音,是福利机构特殊教育发展的一件喜事。相信此书的出版将成为助推福利机构特殊教育规范化、专业化建设的新动力。衷心感谢中国宋庆龄基金会、富邦文教基金会和商务印书馆为孤残儿童特殊教育所做的努力,衷心希望社会上更多的热心人士关注和支持中国的儿童福利事业。

2014年1月，国务院同意并转发了教育部等七个部门《特殊教育提升计划（2014—2016年）》，对新形势下特殊教育改革发展做了全面部署，也提出了新的更高的要求。大力提升特殊教育工作水平，让包括孤残儿童在内的每一个儿童都得到适当的教育，是政府的重要责任，也是广大儿童福利工作者的光荣使命。希望各地各级儿童福利机构高度重视孤残儿童特殊教育工作，用好《发展迟缓儿童早期干预教学指导用书》这套教材，发挥好《发展迟缓儿童早期干预教学指导用书》规范施教、专业育人的作用，让每一个孤残儿童接受良好的特殊教育，为他们回归家庭、走向社会创造便利条件！

使 用 说 明

一、教材编写的基本思路

本教材是遵循特殊需要儿童尤其是发展迟缓儿童身心发展的基本特点和规律，结合福利院的教育环境和该类儿童的基本状况编写而成。发展迟缓儿童既有与普通儿童相同的发展规律，又有其不同于普通儿童的特殊需求。因此，教材内容既要满足每个发展迟缓儿童对安全与健康、关爱与尊重的基本需要，又要为他们提供平等的学习与发展机会。

二、编写过程

我们首先在北京、天津、大同等地的福利院进行了调研，在广泛征求了福利院领导和教师对教材编写工作的意见和建议后制订了教材编写大纲，大纲编写完成后，我们又多次征求了全国十多家福利院近百位教师的意见，几做调整。从 2010 年开始，我们的项目单位增加到 14 所。为了考察教材对福利院的实用性和适用性，我们在每个项目单位设立了至少一个特殊教育实验班作为试点。2012 年，我们在杭州儿童福利院专门召开了教材的修改论证会议，对其试用情况进行交流，并且各机构就教材试用过程中发现的问题提出了自己的建议。2013 年 9 月，我们在成都儿童福利院再次召开会议，对教材进行了终审。

三、教材构成

教材按照年龄进行分段，0~6 岁分为六个阶段，按照运动技能、认知能力、社会行为能力、语言能力等设计不同的教育训练活动，制定不同的教育训练目标，并对相关的注意事项进行了说明。

四、教材使用

1. 教材的使用应以评价为基础。在对发展迟缓儿童的教育表现和身心发展状况进行全面、系统评估的基础上，对这些儿童做出全面综合的评判，重点是要摸清其具有的优势和问题。

2. 为每个发展迟缓儿童制订个别化教育训练计划。个别化教育计划应该包括儿童身心发展的基本状况、教育训练的目标（年度目标和短期目标）、评价的标准和方法等。

3. 教师要根据每个发展迟缓儿童的训练目标选择适当的教材和主题。教材虽然是按照年龄分段，但每个孩子的情况不一样，教师应该灵活掌握。

4. 教学应以游戏和活动为主，尽量鼓励这些儿童参与，减少被动的、枯燥的训练。每节课的训练时间以 10~15 分钟为宜，训练时间也要根据他们的实际情况灵活设定。

目 录

第一部分　0~1岁 1

　一　运动技能 3
　　（一）粗大运动 3
　　（二）精细动作能力 32
　二　认知能力 47
　　（一）感知觉 47
　　（二）注意力 55
　　（三）记忆力 61
　三　言语能力 65
　四　社会技能 69
　　（一）情绪和社交能力 69
　　（二）生活自理能力 84

第二部分　1~2岁 89

　一　运动技能 91
　　（一）粗大运动 91
　　（二）精细动作能力 114
　二　认知能力 133
　　（一）感知觉 133
　　（二）注意力 135
　　（三）记忆力 138
　三　语言能力 145
　四　社会技能 155
　　（一）情绪和社交能力 155
　　（二）生活自理能力 167

第三部分 2~3岁 175

 一 运动技能 177
  （一）粗大运动 177
  （二）精细动作能力 196
 二 语言能力 209
 三 认知能力 227
 四 社会技能 239
  （一）情绪和社交能力 239
  （二）生活自理能力 248

福利院发展迟缓儿童特殊教育课程方案 267

后　记 271

第一部分

0~1 岁

一 运动技能

（一）粗大运动

粗大运动简称"大运动"或"大肌肉运动"，是指涉及胳膊、腿、足部肌肉或全身的较大幅度的运动。粗大运动属于宝宝的运动技能。粗大运动的发育与其他能力的发育有密切的关系，其发展能够促进儿童大脑的发育，如语言与交往能力、注意力、平衡及空间知觉能力的发展，并有稳定情绪和改变行为的作用。

运动功能的发育是以脑的发育为前提的，特别是出生后第一年内，随着儿童大脑的迅速发育，儿童运动功能逐渐完善。儿童动作发育遵循一定的规律，大动作发育过程可按照宝宝的月龄归纳为："二抬四翻六会坐，七滚八爬周会走。"本单元从平躺、坐、站等基本姿势，转头、爬行、被动迈步等平衡协调动作，以及翻身、扶物行走等运动技能三个训练点展开，期望通过各种活动、游戏提升宝宝的运动能力。

1. 基本姿势

（1）仰卧与侧卧

★ **活动1**：面对面微笑说话

活动目标：
  1）宝宝仰卧时头部能够保持在中线位
  2）宝宝仰卧时能够保持身体对称位置

活动准备：安全舒适的环境，舒缓的宝宝音乐

活动过程：
  1）宝宝仰卧，教师在宝宝的前方，与宝宝面对面。
  2）教师微笑地注视宝宝脸部，与宝宝讲话或唱歌，来吸引宝宝的注意力。
  3）教师可以将双腿或一个柔软舒适的小垫子放到宝宝的脚下，教师帮助宝宝用脚踩垫子。可以先踩一只脚，然后再踩另外一只脚；也可以双脚一起踩。
  4）活动时，伴随舒缓的宝宝音乐，教师加以一定的皮肤触摸，使宝宝身体尽可能处于放松状态。

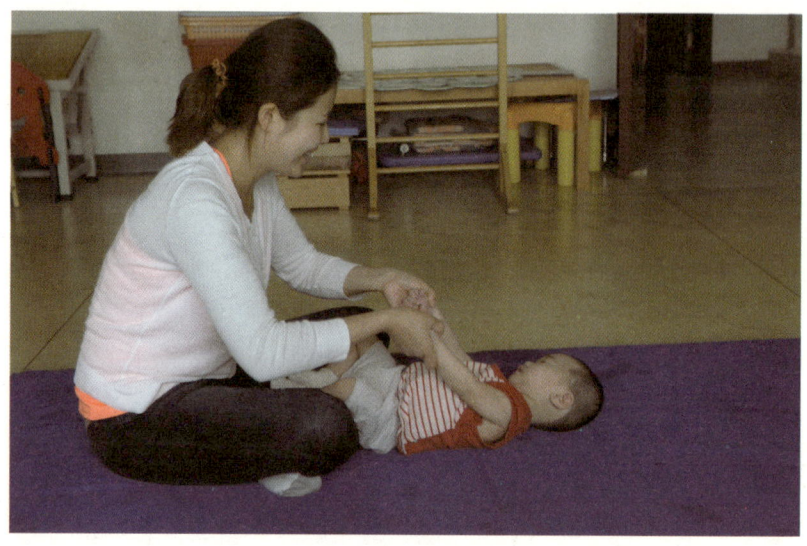

图 1-1 面对面微笑说话

◎ **小贴士**：
  1）如果宝宝的头用力后仰，教师可以在宝宝的颈下垫上小枕头。
  2）如宝宝仰卧不稳定，教师可以用手协助其仰卧。
  3）如果宝宝的脚不能平放在垫子上，教师在开始进行此活动时，不要过于用力，要循序渐进，防止拉伤宝宝的踝关节。

4）如果宝宝的头不能保持在中线位，教师可用手进行辅助。

★ 活动 2：手脚动一动游戏

活动目标：宝宝仰卧时能够随意活动四肢

活动准备：安全舒适的环境，柔软舒适的小垫子，会发声的玩具

活动过程：

1）宝宝仰卧在小垫子上，教师在宝宝的前方，与宝宝面对面。

2）先用一个能够一碰就响的玩具触动宝宝的脚底，引起宝宝的注意，刺激其脚部的感觉。

3）教师将宝宝的手脚绑上小手铃等能发声的玩具，辅助宝宝分别将手脚抬离床面，伸向空中多个方向。

4）当宝宝有主动动作出现时，在宝宝中线上方放置色彩鲜艳且会发声的玩具，吸引其注意力。辅助或鼓励宝宝主动伸手/脚碰触玩具。

5）当宝宝四肢随意动作增多时，教师可移动玩具的位置，鼓励宝宝活动四肢碰触玩具。

6）每次成功后可以亲吻或抱一抱的方式表示鼓励。

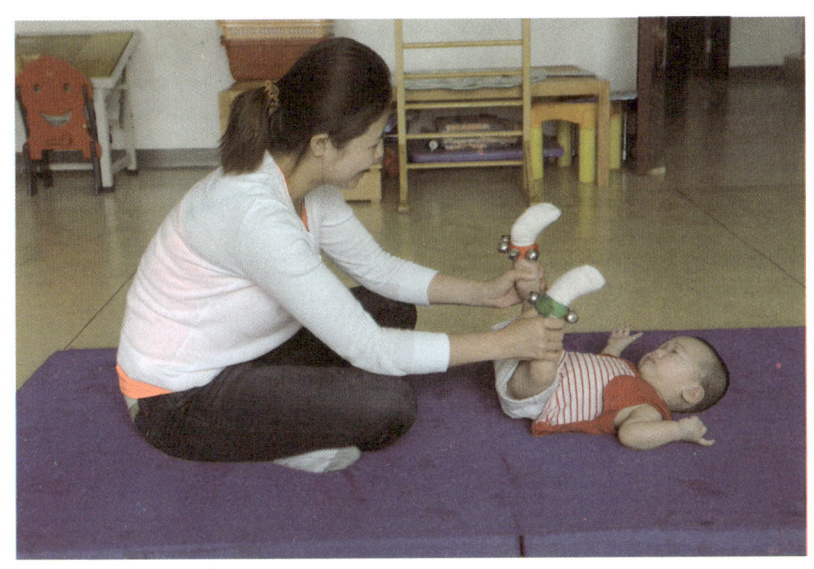

图 1-2　教师协助宝宝手脚动一动

★ 活动 3：跟着铃声学翻身

活动目标：宝宝能够用身体一侧持续卧一段时间

活动准备：铃铛或其他能发出声音的玩具（或者其他宝宝喜爱的玩具）

活动过程：
1）宝宝持仰卧位，教师晃动铃铛吸引宝宝的注意力，鼓励宝宝看着铃铛。
2）教师将铃铛慢慢移到宝宝身体的左侧，注意铃铛不要离宝宝太远，最好是宝宝伸手可以拿到的位置。
3）宝宝身体尽量放松，头部转向左侧看着铃铛，教师帮助宝宝使其右臂自然放在胸前，右腿稍弯曲，搭在左腿上，教师鼓励宝宝慢慢向左侧翻身。
4）教师鼓励宝宝伸手碰铃铛，尽可能长地保持一段时间。
5）教师用同样的方法鼓励宝宝向右侧翻身。

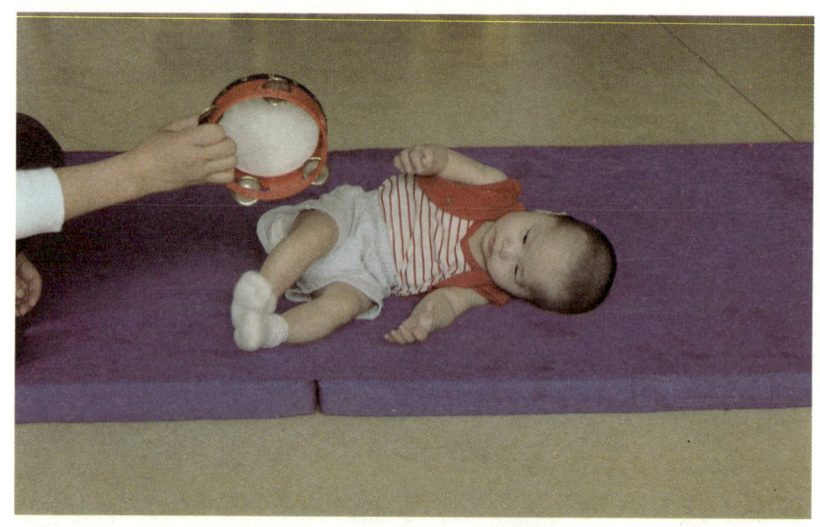

图 1-3　宝宝跟着铃声学翻身

◎ 小贴士：
1）如果宝宝自己翻身有困难，教师可以协助宝宝慢慢翻身。
2）如果宝宝身体比较紧张，可以由 2 名教师合作协助宝宝完成翻身动作。

（2）辅助坐

★ 活动 1：坐坐听儿歌

活动目标：
1）宝宝靠着椅子能够独立控制头部于中线位置并保持躯干平衡
2）宝宝能够靠物坐稳并用双手活动

活动准备：可以靠坐的宝宝椅或沙发，儿歌

活动过程：
1）教师让宝宝坐在带靠背的宝宝椅上或让宝宝坐在沙发中间，背靠沙发坐好。
2）教师对宝宝唱儿歌，吸引其注意。

图 1-4　坐坐听儿歌

◎ 小贴士：

1）如果宝宝的头部控制能力较差，教师可以用手扶住宝宝的头部。
2）如果宝宝靠物不能坐稳，教师可扶住宝宝的身体，或要求宝宝手掌扶着椅面来维持坐姿。待辅助坐的能力提高后，教师可逐渐要求宝宝模仿教师拍手做游戏。
3）如果宝宝能力较差，在椅子上很难保持平衡，可以将宝宝放在地垫上，后背靠在U型枕上，由教师辅助其坐好。

★ 活动 2：宝宝在这里

活动目标：

1）宝宝在辅助坐位下能够保持头部控制在中线位置
2）宝宝在辅助坐位下能够保持身体平衡
3）宝宝在辅助坐位下能够用双手拿手帕

活动准备： 舒适安静的环境，小手帕

活动过程：

1）一个教师坐在地上，抱着宝宝使宝宝坐在自己的腿上，开始时可以扶着宝宝的肩部协助宝宝维持坐姿，待宝宝坐的能力提高后，教师将手移至宝宝髋部或腿部，逐渐减少辅助。
2）另一个教师将手帕放在自己的面前，遮住面部，对宝宝说："宝宝，老师在哪里呢？"吸引宝宝将身体维持在中线位置。
3）教师将手帕放到宝宝面前，遮住面部，对宝宝说："咦，宝宝在哪里呢？"鼓励宝宝伸手拿掉自己面部的手帕。

图1-5 宝宝在这里

◎小贴士：

1）如果宝宝的下肢紧张或交叉，教师可以让宝宝分开双腿，坐在自己的腿上。

2）如果宝宝头部控制力差，可以用一手轻轻扶着宝宝的头部，避免其头后仰。

（3）独坐

★ 活动1：坐着玩儿玩具

图1-6 坐着玩儿玩具

活动目标：

1）宝宝坐在垫子上，能够保持一段时间的身体平衡

2）宝宝能够坐在垫子上玩儿玩具

活动准备：垫子，颜色亮丽的或者能发出声音的教具

活动过程：

1）教师让宝宝坐在垫子上，双腿分开，保持平衡。

2）教师可以拿着铃铛晃动，鼓励宝宝挺直身体，抬起头部。

3）教师把玩具交给宝宝，让宝宝坐着玩儿一会儿。

◎ 小贴士：

1）如果宝宝的头部控制力较差，教师可以用手扶住宝宝的头部。

2）起初独坐的时间可以少一些，如1~2分钟，随着宝宝能力的提高可以逐渐延长时间。

3）注意使铃铛晃动的位置尽量与宝宝的视线平行，这样能保持宝宝身体挺直。

★ **活动2：寻找玩具**

活动目标：当宝宝能稳定地独坐后，可着重训练宝宝的平衡能力

活动准备：一张大小适中的凳子

图1-7　寻找玩具

活动过程：

1）让宝宝坐在大小适中的凳子上。

2）当宝宝坐直后，教师可试着松开手，以玩具或颜色鲜艳的物品吸引宝宝转头或转身寻找玩具。

3）左右交替诱导宝宝左右侧转，在学习侧转中寻找平衡点，并且练习用脚来支撑身体。

（4）跪

★ 活动1：小玩具，真可爱

活动目标：

1）宝宝能够屈曲膝关节，膝部负重
2）宝宝能够在跪位下抬高臀部并保持躯干平衡
3）宝宝能够在跪位下伸展手臂并注视移动的玩具

活动准备： 玩具，矮桌，小垫子

活动过程：

1）教师将小垫子放在矮桌边，并将玩具放在矮桌上面。
2）教师协助宝宝跪坐在小垫子上，教师移动玩具，鼓励宝宝抬高臀部跪起拿玩具，如果宝宝不能完成，教师需拉宝宝的手给予其辅助，帮其跪起。尽量使宝宝的背部保持挺直。
3）教师与宝宝一起在桌面玩儿玩具，并持续一段时间。
4）放松宝宝的背部和腿部肌肉。

图1-8　教师协助宝宝玩儿玩具

◎ **小贴士：**

1）如果宝宝处于跪位时身体不能稳定，教师要在宝宝身后固定其髋关节。
2）教师要在游戏过程中随时协助宝宝保持腰背部挺直。

★ **活动 2：拿取玩具**

活动目标：

1）宝宝能够屈曲膝关节，膝部负重
2）宝宝能够在跪位下抬高臀部并保持躯干平衡
3）宝宝能够在跪位下移动身体

活动准备：矮桌，宝宝喜爱的玩具

活动过程：

1）教师让宝宝跪在矮桌边，协助宝宝抬高臀部，挺直身体。
2）教师与宝宝一起玩儿玩具，并将玩具推到桌子的另一边，鼓励宝宝去拿。
3）教师鼓励宝宝把重心移到一侧的腿上，抬起对侧的腿，向重心所在一侧移动身体，再放下移动的腿，将重心移过来，抬起对侧的腿，双腿靠近。
4）宝宝的上肢可以扶着矮桌，以保持身体的稳定。
5）宝宝拿到玩具后，可以自己玩儿玩具。

图 1-9 教师协助宝宝拿玩具

◎ 小贴士：

1）教师根据宝宝的具体情况，协助宝宝转移重心。
2）若宝宝稳定性差，教师可以扶着宝宝髋关节，保持其身体的稳定。

★ **活动 3：伸手够娃娃**

活动目标：

1）宝宝能够单腿跪位下屈膝关节，膝部负重

2）宝宝能够在单腿跪位下用一只脚踩在地上，抬高臀部并保持躯干平衡

3）宝宝能够在单腿跪位下用双手玩儿玩具

活动准备： 矮桌，小桌，娃娃

活动过程：

1）教师和宝宝面对面跪坐垫上，教师协助宝宝保持双腿跪的姿势，鼓励宝宝双膝着地跪起，帮助宝宝保持身体直立。

2）教师在宝宝的面前放一个可以用绳子拴着的小娃娃。当宝宝能独立跪稳后，教师协助宝宝将重心转移到一侧腿上，请宝宝抬起另一侧脚踩稳地面，并提示或协助宝宝保持身体直立。

3）若宝宝在跪位下伸手不能够到娃娃，需要将身体的重心移向一侧，并将对侧的腿抬起来，脚在地上放平，伸直腰部，形成单腿跪的姿势下才能拿到。鼓励宝宝手扶桌边独立练习由双膝跪位转为单腿跪位。

4）教师在宝宝的面前放一个可以用绳子拴着的小娃娃，宝宝单腿跪位下伸出手够到玩具，教师可以让宝宝在这种姿势下玩儿一会儿。

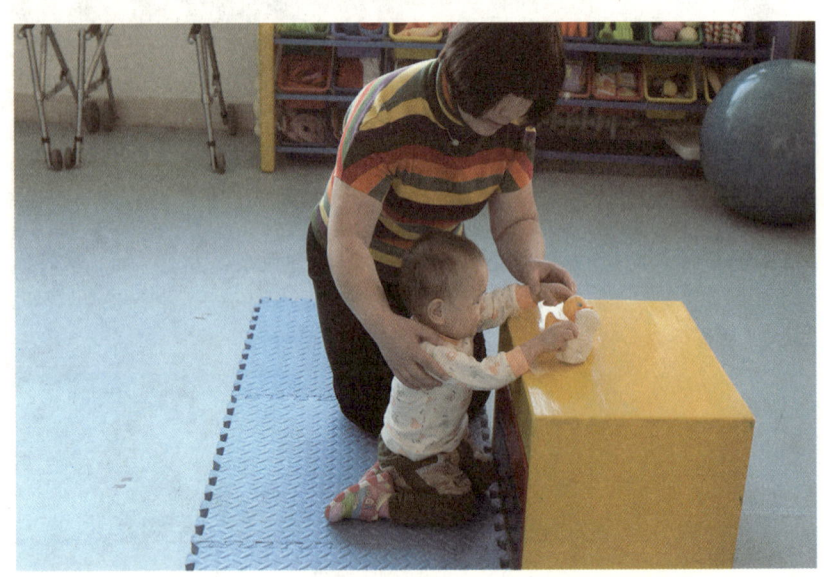

图 1-10　教师协助宝宝伸手够娃娃

◎ **小贴士：** 教师根据宝宝的体能情况，可以协助宝宝移动重心。

（5）辅助站

★ 活动1：宝宝在哪里？

活动目标：

1）宝宝能够抓住辅助物从坐位到站位

2）宝宝能够抓住辅助物从跪位到站位

3）宝宝能够练习在不同体位下重心转换

活动准备：地毯，小玩具

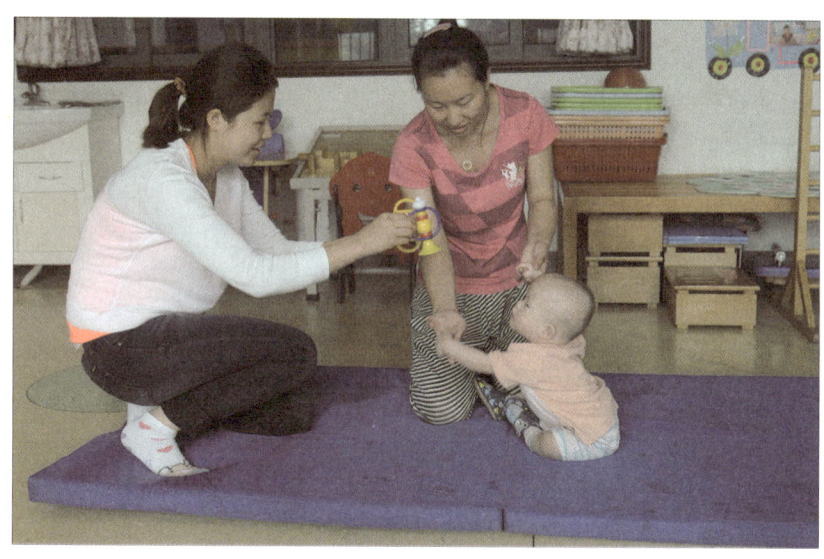

图 1-11.1　教师手持玩具吸引宝宝注意

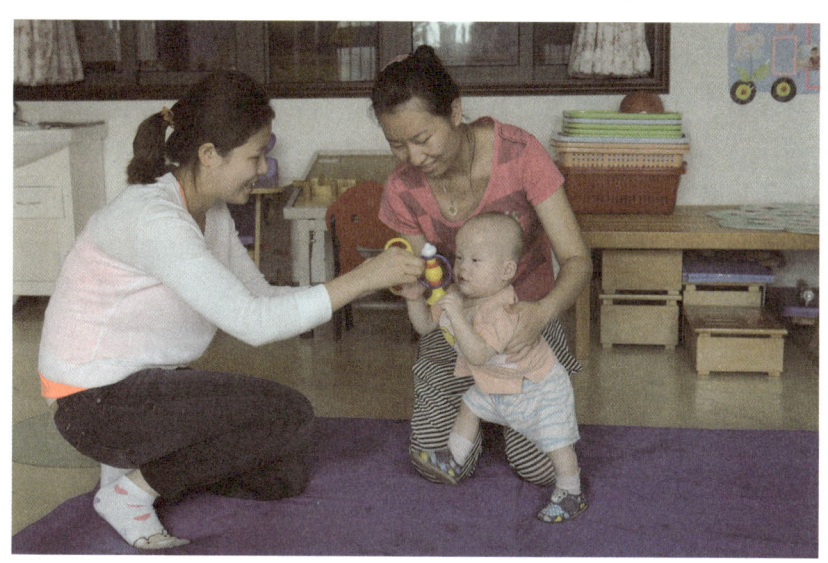

图 1-11.2　教师协助宝宝保持站姿拿玩具

活动过程：

1）宝宝在地毯上坐稳后，教师在宝宝的身边手持玩具吸引宝宝注意，教师晃动玩具问宝宝："宝宝在哪里？"

2）教师鼓励宝宝扶桌面或拉住教师的手站起够玩具，或宝宝坐在地毯上轻拉教师手，双脚用力踩地，由坐位站起够玩具。教师协助宝宝保持站姿，宝宝用手去够玩具。

3）宝宝双膝跪在地垫上，教师用玩具吸引宝宝注意力。

4）宝宝坐在地毯上，教师可以先让宝宝身体稍稍向前倾，一腿向后，抬高臀部，再将另一腿向后，腰部伸直，跪起来。然后宝宝将一只脚放平踩在地上，双手扶着辅助教师的腿，最后慢慢站起来。辅助教师协助宝宝保持站姿，宝宝用手去拿玩具，辅助教师说："宝宝在这里！"

◎ 小贴士：

1）宝宝站立时要将双脚平放在地上，教师应观察宝宝的双腿是否有支撑力，可以先给予宝宝协助然后让其逐步过渡到独自完成。

2）教师也可以让宝宝扶着矮桌或木条床站起来。

★ 活动2：辅助站立练习

活动目标：宝宝能够练习在不同体位下重心转换

活动准备：玩具，栏杆

活动过程：

1）宝宝持扶站位，教师用玩具引导宝宝慢慢坐下，教宝宝从站位扶着栏杆慢慢坐下，而不是一下子坐下。

2）让宝宝站好，用一只手在宝宝躯干一侧轻轻推一下，使他失去平衡，另一只手挡住宝宝另一侧身体，并帮助宝宝恢复到站位。

3）将宝宝扶站好，并把宝宝感兴趣的玩具置于宝宝身体一侧，鼓励他尽可能弯屈身体去拾取玩具，左右侧交替练习，可增强宝宝腰部肌肉的力量和协调性。

图 1–12.1　宝宝扶站位

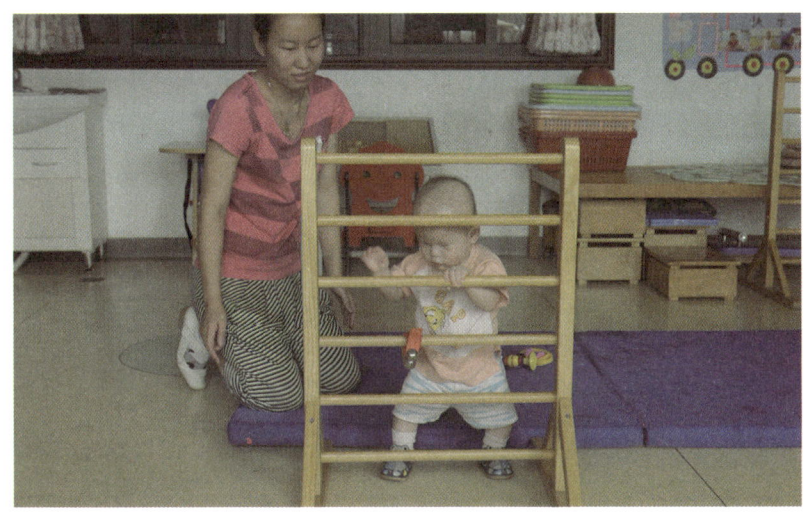

图 1-12.2 宝宝从站位扶着栏杆慢慢坐下

◎ 小贴士：教师应在轻快的游戏氛围中和宝宝进行练习，并及时表扬宝宝。

（6）独站

★ 活动 1：站起来玩儿玩具

活动目标：

1）宝宝能够独立站立，保持直立姿势
2）宝宝能伸手拿玩具

活动准备：木条床或矮桌，方凳或宝宝椅，多种颜色的玩具

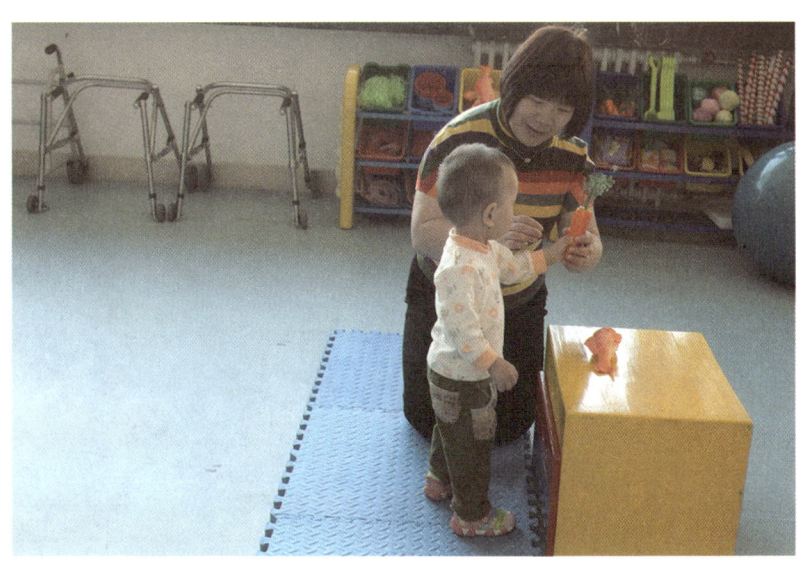

图 1-13 宝宝站起来玩儿玩具

活动过程：

1）宝宝坐在木条床或矮桌边，双手扶着木条床或桌边固定身体。

2）宝宝坐时教师要让宝宝保持好的坐姿：身体挺直，头摆正，屁股向后坐，双脚放平踩住地，眼睛看着教师。

3）教师拿出玩具，让宝宝看。

4）教师玩儿玩具，吸引宝宝。

5）教师引导宝宝独立站起来，也可以让宝宝扶着木条床或桌边站立来；从坐位到站位时，宝宝需要将身体的重心稍稍前移，屁股向前移，双脚平放在地上，将屁股抬起来，膝盖伸直，腰部伸直，眼睛向前看。

6）宝宝站好后，教师将玩具放到宝宝伸手可以够到的位置，鼓励宝宝伸手拿玩具。

◎ 小贴士：

1）教师根据宝宝的实际能力水平要求宝宝独立站立或者扶着木条床站立拍打气球。

2）如果宝宝站立不稳定，辅助教师要扶着宝宝髋关节，保持宝宝身体稳定。

★ 活动2：拍拍小手来唱歌

活动目标：

1）宝宝能够独立站立，保持直立姿势

2）宝宝在教师协助下向前迈步

活动准备：安全舒适的环境，儿歌

活动过程：

1）宝宝背靠墙壁，待宝宝逐渐站稳后，教师可以协助其向前迈步，脱离支持物。

图 1-14.1　宝宝独立站立

图 1-14.2 宝宝拍手

2）教师与宝宝一起听歌曲，拍手唱歌。
3）站立时间视宝宝的实际能力而定。开始时时间可以短一点，逐渐延长其独立站立时间。

◎ 小贴士：

1）宝宝站立时，教师要鼓励宝宝双脚放平在地上。
2）教师要注意宝宝的安全，防止宝宝摔倒碰到头部。

【单元评估】

发展目标	通过标准	完成情况			起始日期	结束日期	备注
		不会	会一点	全会			
仰卧、侧卧	仰卧、侧卧位时能够保持身体平衡						
侧卧	侧卧位时能够保持身体平衡						
辅助坐	能够在协助下坐稳						
独坐	能够独立稳定坐						
跪	能够扶物跪或独跪						
辅助站立	能够扶物站立						
独站	能够独立站立						

2. 平衡协调动作

(1) 转头

★ **活动1：玩具在哪里？**

活动目标： 宝宝能够在仰卧时转动头部并保持身体稳定

活动准备： 颜色鲜艳的玩具

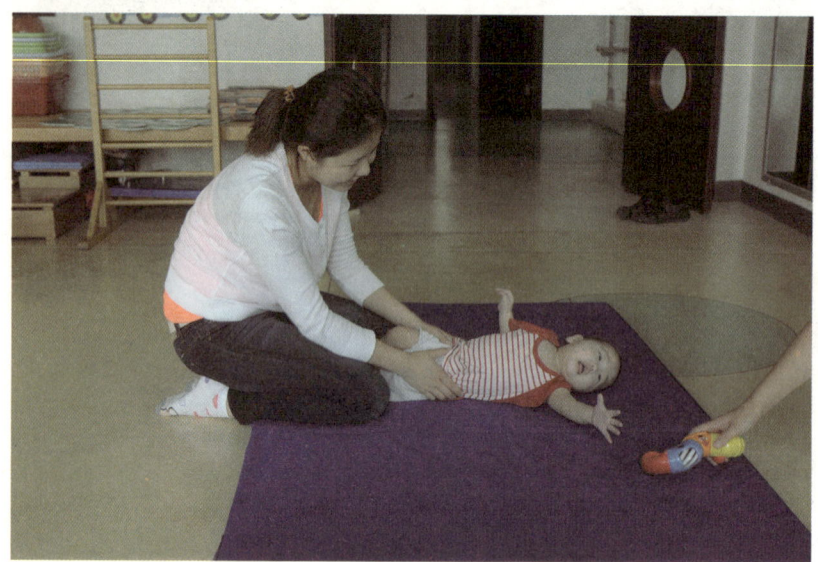

图1-15.1　玩具移向宝宝左侧

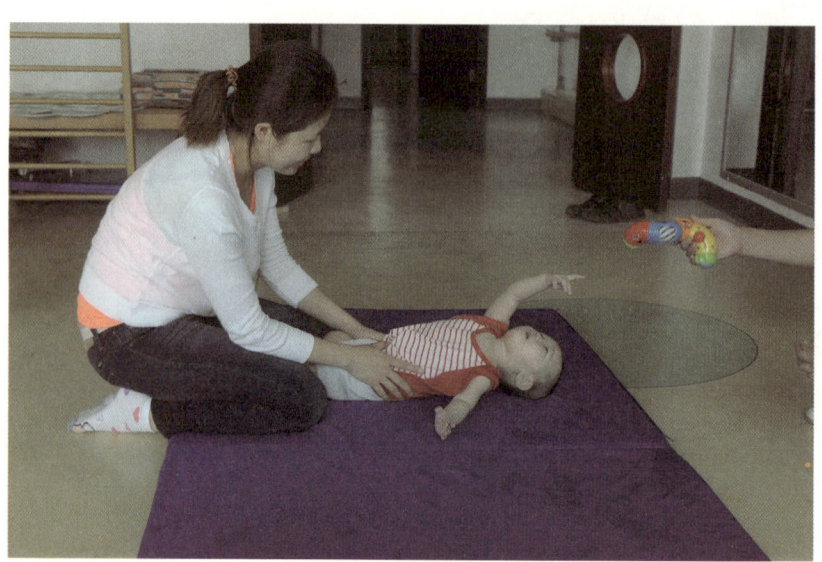

图1-15.2　玩具移向宝宝中间

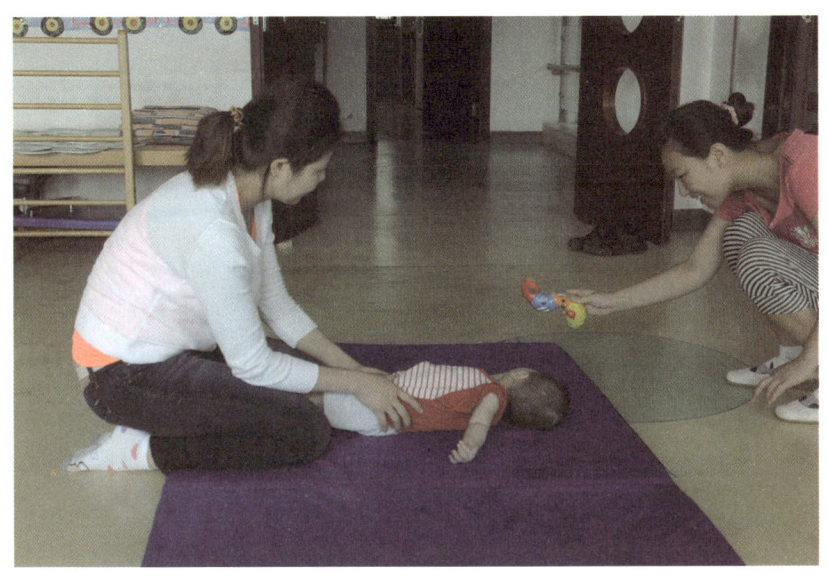

图 1-15.3 玩具移向宝宝右侧

活动过程：

1）宝宝仰卧。

2）教师拿一个鲜艳的玩具，吸引宝宝的注意力使其将头部保持在中线位置。

3）教师将玩具慢慢移向宝宝左侧，吸引宝宝将头部向左侧转动，寻找玩具。

4）教师再将玩具慢慢移向中间，吸引宝宝将头转向中间。

5）然后将玩具慢慢移向宝宝右侧，吸引宝宝将头向右侧转动，寻找玩具。如此循环反复。

◎ 小贴士：

1）有些宝宝在转动头部时，身体会紧张。教师在让宝宝转头时，摇玩具的动作要慢。

2）教师也可以用手协助宝宝保持身体的平衡。

★ **活动2：小铃铛在哪里？**

活动目标： 宝宝能够在仰卧时转动头部并基本保持身体稳定

活动准备： 小铃铛

活动过程：

1）宝宝仰卧。

2）教师拿一个小铃铛，跪坐宝宝正对面摇晃铃铛，用声音吸引宝宝的注意力，使其将头部保持在中线位置。

3）教师将小铃铛慢慢移向宝宝左侧，吸引宝宝将头部向左侧转动，寻找铃铛。

4）教师再将小铃铛慢慢移向中间，吸引宝宝将头转向中间。
5）然后将小铃铛慢慢移向宝宝右侧，吸引宝宝将头向右侧转动，寻找铃铛。如此循环反复。

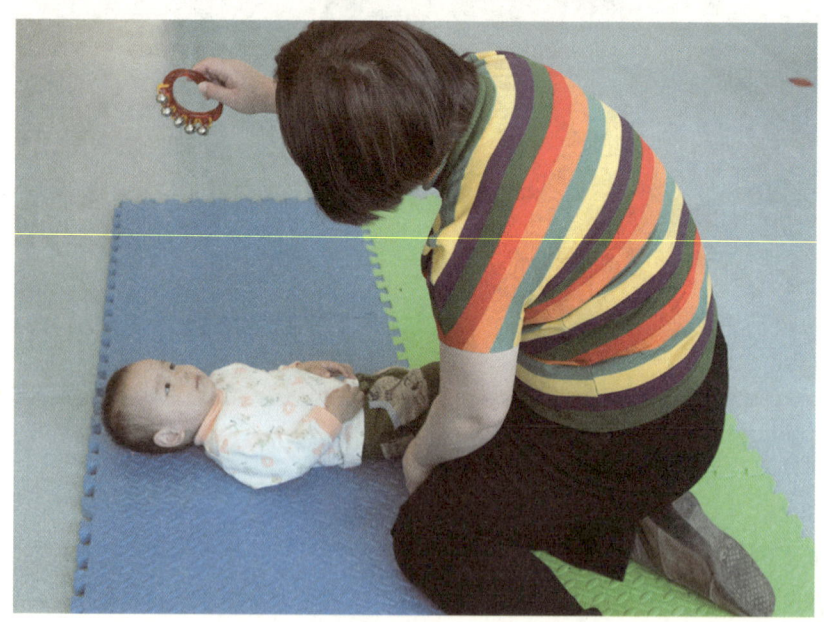

图 1-16.1　宝宝仰卧，教师拿铃铛置于中线位置，吸引宝宝注意

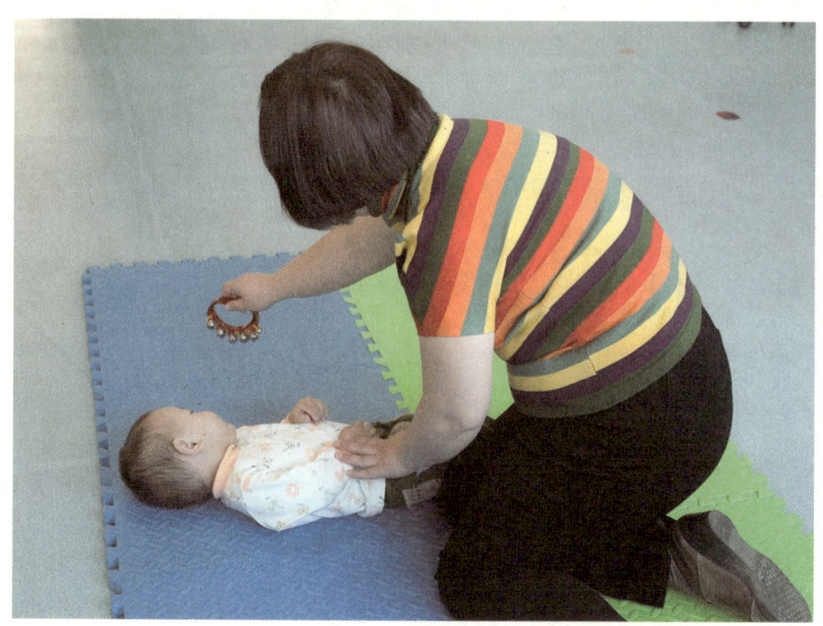

图 1-16.2　教师将小铃铛慢慢移向宝宝左侧，宝宝将头部向左侧转动，寻找铃铛

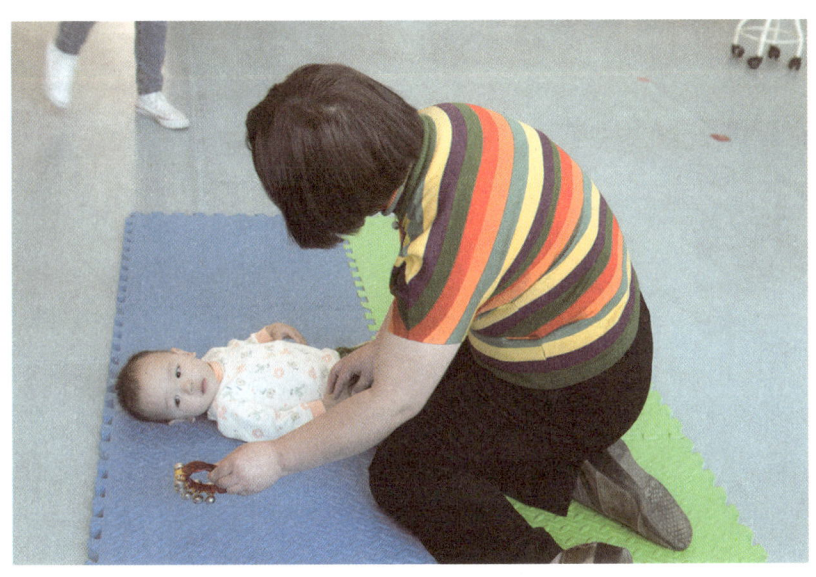

图 1-16.3 小铃铛慢慢移向宝宝右侧,宝宝将头向右侧转动,寻找铃铛

◎ **小贴士**:若宝宝不能左右转动头部,教师可轻触其脸颊,协助其完成转头动作。

(2)抬头并左右转动

★ **活动 1:俯卧抬头训练**

活动目标:

1)宝宝能够在俯卧位时抬头并保持一段时间

2)宝宝能够在俯卧位时抬头并转动头部

3)在宝宝能保持俯卧抬头动作时,教师把摇铃等能发出声响的玩具在宝宝左右晃动吸引其注意

活动准备:楔形垫或枕头,玩具

活动过程:

1)教师协助宝宝俯卧在楔形垫或枕头上,把较高的一侧垫在胸下,使宝宝双腿伸直,双手尽量前伸。

2)将玩具放在宝宝头部前方或上方,鼓励宝宝抬头看玩具。若宝宝不主动抬头,教师可用手指叩击宝宝颈后,诱导其抬头。

3)当宝宝抬头后,教师鼓励宝宝维持抬头姿势一段时间,教师向左右移动摇铃,吸引宝宝转头。

4)教师鼓励宝宝伸出一只手够玩具,并保持身体的稳定。

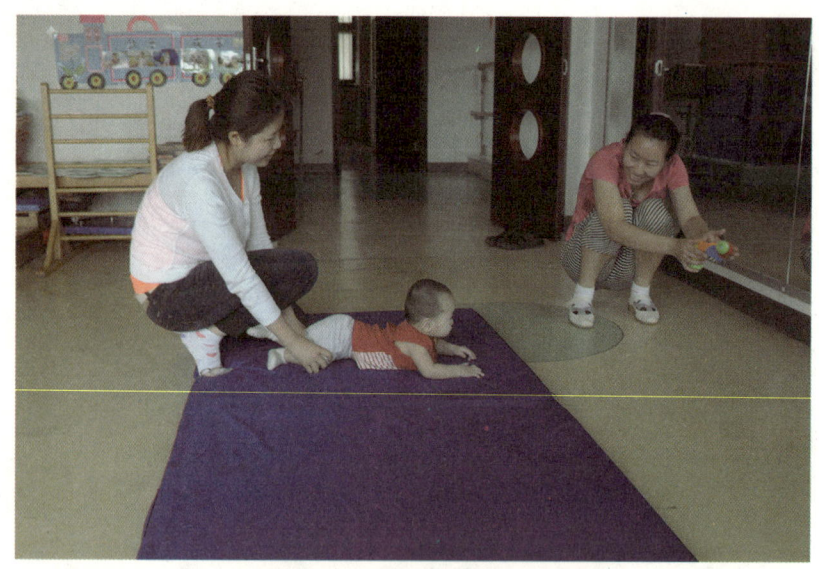

图 1-17.1　宝宝俯卧位抬头并保持

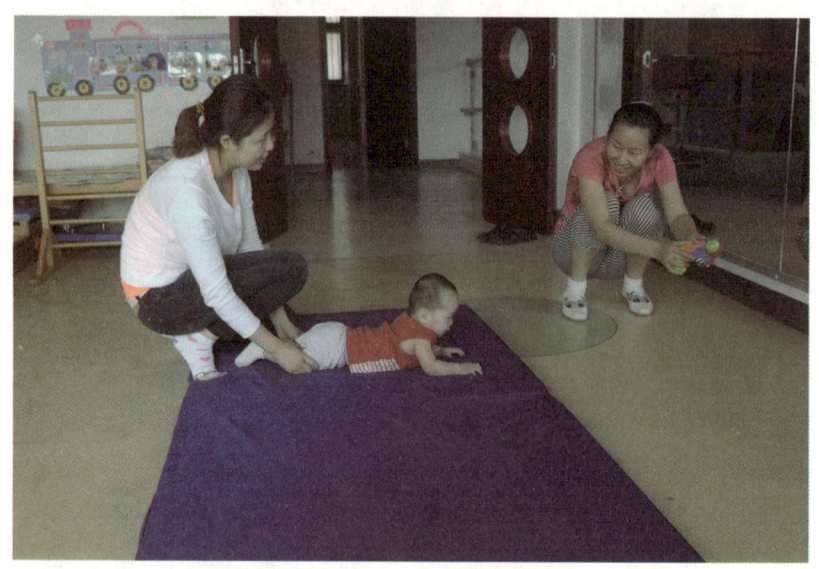

图 1-17.2　宝宝俯卧位时抬头并转动头部

◎ 小贴士：

1）如果宝宝手臂支撑身体不稳定，教师可帮助宝宝抬高胸部。

2）教师要根据宝宝的实际能力，让宝宝屈曲上肢或者伸直上肢。

★ **活动 2：仰卧抬头训练**

活动目标：

1）宝宝能够在仰卧位时抬头并保持一段时间

2）宝宝能够在仰卧位时抬头并转动头部

活动准备：垫子，玩具

活动过程：

1）教师辅助宝宝仰卧在垫子上，使其双下肢屈曲，头、躯干摆正。

2）教师双手握住宝宝肘部，缓慢将宝宝拉起。

3）当宝宝的头稍有后仰时停止。如此循环反复。

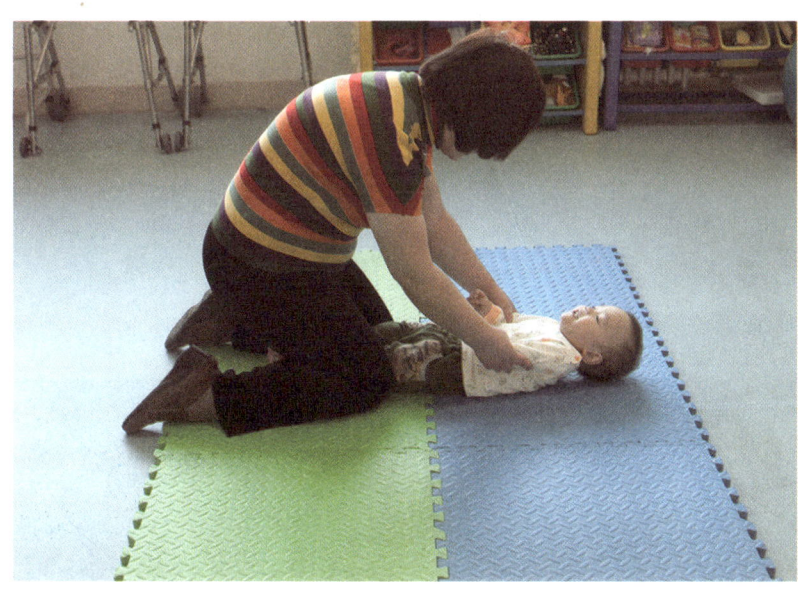

图 1-18.1　教师辅助宝宝仰卧在垫子上，使其双下肢屈曲，头、躯干摆正

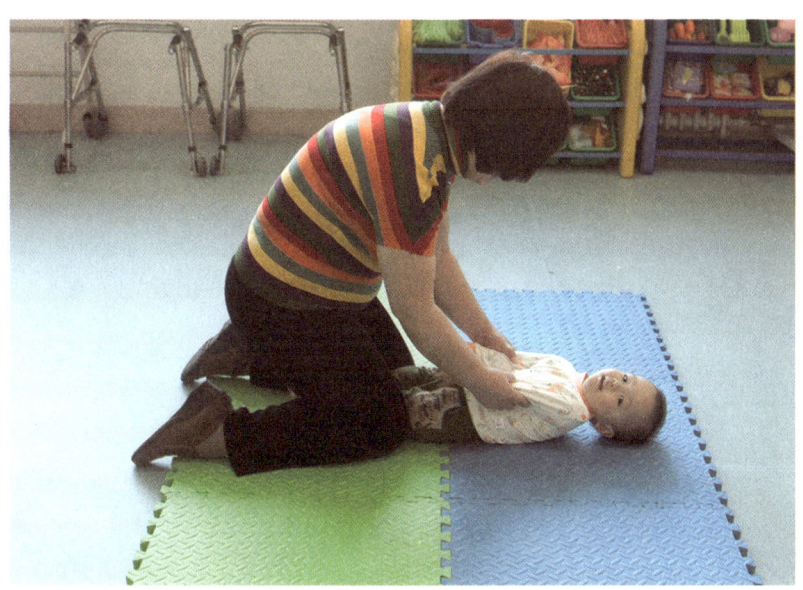

图 1-18.2　教师双手握住宝宝肘部，缓慢将宝宝拉起

◎ 小贴士：
1）教师拉起宝宝时要握住宝宝的肘部而不是宝宝的手，并且用力不能过猛。
2）若宝宝头部控制能力较弱，可扶宝宝肩膀慢慢将其拉起，待宝宝头部控制能力增强后可将手移至其上臂或肘部，逐渐减少辅助程度。

(3) 辅助爬

★ 活动1：爬行预备

活动目标：为宝宝练习爬行做准备

活动准备：光滑的桌子

活动过程：

1）教师用一手抱着宝宝的膝部，另一手环抱在他胸前，让宝宝双手放在桌上来支撑身体。
2）教师慢慢放松放在宝宝胸前的手，鼓励宝宝直立支撑自己。

图1-19 教师用一手抱着宝宝的膝部，另一手环抱在他胸前，让宝宝双手放在桌上来支撑身体

◎ 小贴士：每日练习1~2次，视宝宝耐受情况决定练习时间，一般每次3~5分钟。

★ 活动2：与玩具一起玩耍

活动目标：宝宝能够在俯卧位时通过协助移动身体

活动准备：地毯、颜色鲜艳的或者能发声的玩具

活动过程：

1）将宝宝俯卧在地毯上。

2）教师将玩具放在宝宝前面够不到的地方，让玩具发出声音，吸引宝宝的注意力。
3）帮助宝宝双手平放在地毯上，肘部支撑。
4）教师根据宝宝的情况，鼓励宝宝抬起一只手去拿玩具，如宝宝不能做到，教师鼓励或帮宝宝抬手去拿玩具。
5）当宝宝可做出部分爬的动作后，将玩具放远，协助宝宝移动身体爬行。
  a）辅助膝部爬行训练：教师用双手握住宝宝膝后部，帮助其练习爬行。
  b）辅助髋部爬行训练：教师抬起宝宝髋部，帮助宝宝练习爬行。
  c）辅助踝部爬行训练：教师位于宝宝后方，双手握住宝宝脚踝，诱导宝宝向前移动，令宝宝先伸出一只手，然后紧接着前移对侧下肢。左右肢体交替进行训练。
6）当宝宝拿到玩具时，教师鼓励宝宝坐起来玩儿一会儿玩具。

图 1-20　宝宝在俯卧位时通过协助移动身体

◎ 小贴士：
1）对于头部控制能力较差的宝宝，教师在辅助其爬行时，要扶着宝宝的头部，防止宝宝的头碰到地上。
2）如宝宝上肢的力量较弱，可以腹部接触地面。

（4）被动迈步

★ 活动1：辅助宝宝向前方迈步

活动目标：宝宝站立状态下能够向左侧或右侧转移身体重心，被动迈步
活动准备：垫子
活动过程：
  1）教师与宝宝面对面，双手扶在宝宝腋下。

2）宝宝站稳后，教师向后退走。

3）教师辅助宝宝将小脚踏前，并将身体重心移向踏地一侧腿上，另一侧腿抬起来，向前迈步。交替着一步一步学着向前迈步。

4）当宝宝可双腿承重向左右进行重心转移时，教师可以减少辅助，让宝宝自己踏步，练习交替迈步。

图 1-21.1　教师与宝宝面对面，双手扶在宝宝腋下

图 1-21.2　教师辅助宝宝将小脚踏前

◎ **小贴士：**

1）如果宝宝的上肢很紧张，不要过于用力，防止其拉伤。

2）如果宝宝双脚不能平放在地上，教师可以让其扶物站立，协助其迈步。

★ **活动2：行走练习**

活动目标： 宝宝站立状态下能够向前迈步并行走数步

活动准备： 长围巾，玩具

活动过程：

1）用较长的围巾从宝宝前胸、腋下围过，教师在宝宝的后方拉紧围巾，让宝宝练习独立走步。

2）宝宝会独走数步后，可在宝宝的前方放一个他喜欢的玩具，训练他迈步向前取玩具，或让宝宝靠墙独立站稳后，教师后退几步，手中拿玩具，用语言鼓励宝宝朝教师方向走去。

3）宝宝快走到教师身边时，教师再后退几步，直到宝宝走不稳时把宝宝抱起来，夸奖他走得好并给他玩具。

◎ **小贴士：**

1）练习应循序渐进。

2）刚开始练习时，一定要注意保护，防止宝宝跌倒，减少其恐惧心理，使他乐于行走。

3）在宝宝学走期间，尽量不要靠"学步车"一类工具帮助，以免宝宝形成不正确的行走姿势。

【**单元评估**】

发展目标	通过标准	完成情况			起始日期	结束日期	备注
		不会	会一点	全会			
转头	仰卧位时能够向左右转动头部						
抬头左右转动	俯卧位能够抬头并向左右转动						
辅助爬	在辅助下能够手膝位爬行						
被动迈步	在辅助下能够迈步						

3. 运动技能

(1) 翻身

★ 活动1：侧翻练习

活动目标：在教师的帮助下宝宝能完成侧翻动作

活动准备：垫子，能发声的玩具

活动过程：

1）先用一个发声玩具，吸引宝宝转头注视。
2）教师一手握住宝宝一只手，另一只手将宝宝同侧腿搭在另一条腿上，辅助宝宝向对侧侧翻并保持注视，左右轮流侧翻练习，以帮助宝宝感觉体位的变化，学习侧翻动作。
3）每日2次，每次侧翻2~3次。

★ 活动2：翻身寻找玩具

活动目标：

1）宝宝能够从仰卧位翻身到俯卧位
2）宝宝能够从俯卧位翻身到仰卧位
3）宝宝在翻身时能够将手臂越过身体中线，转动身体

活动准备：垫子，能发声的玩具

活动过程：

1）宝宝仰卧在垫子上，教师在宝宝左侧放一个玩具吸引宝宝的注意力，使其头部转向左侧看着玩具。
2）教师鼓励宝宝屈曲右腿，使右膝靠近腹部，必要时将宝宝双上肢举过头，避免其在俯卧位时，上肢压在身体下面，使宝宝不舒适。
3）教师鼓励宝宝看着玩具，慢慢将身体向左侧翻，用玩具吸引宝宝慢慢翻过身。
4）教师可以把小铃铛或宝宝喜爱的玩具放在宝宝前面，吸引宝宝抬起头看着玩具。
5）教师慢慢向右移动玩具，吸引宝宝从俯卧位翻身为仰卧位。

◎ **小贴士**：

1）宝宝翻身时，防止宝宝头部后仰，可以先让宝宝稍稍低头看着玩具。
2）宝宝翻过身后，教师根据宝宝的具体情况使其屈曲上肢或伸直上肢来支撑身体，看着玩具，并尝试伸出手拿玩具。

(2) 自如爬

★ 活动1：学习爬行动作

活动目标：使宝宝掌握爬行动作

活动准备：玩具，干净光滑的地面

活动过程：

1）使宝宝趴着，两腿伸直，手肘弯屈支撑上半身。
2）教师以双手抓住宝宝双脚脚掌。
3）教师抓住宝宝双脚画弧，使其膝盖尽量弯曲，脚跟碰到屁股，如此反复画弧，做屈伸运动 3~5 次。
4）最后一次伸腿运动做完后，教师两手分别握住宝宝两大腿后侧，使双腿轮流弯向腋部，做屈伸动作 3~5 次。
5）在宝宝前方放个玩具，引导他爬过去取玩具，教师扶住宝宝的小腿，或用手托住宝宝脚掌，左右交替地弯屈其膝关节，助其向前爬行，重复 2~3 遍，每日 1~2 次。

图 1-22 教师扶住宝宝的小腿，左右交替地弯屈其膝关节，助其向前爬行

★ 活动 2：寻找八音盒

活动目标：宝宝能够在俯卧位下移动身体，自主爬行
活动准备：地毯，小毛巾，八音盒
活动过程：

1）教师带着宝宝坐在地毯上玩儿八音盒，让八音盒发出优美的歌声吸引宝宝的注意力。
2）教师将八音盒放在地毯的中间，让其唱歌，并用小毛巾盖住："小朋友们，唱歌的玩具藏起来了，我们爬过去把它找出来吧！"
3）宝宝在地毯上处于手膝位，上肢支撑身体，膝盖着地，小屁股抬起来，宝宝抬起头部，手膝位四肢交替爬行：双臂与双腿交替爬行（左臂右腿向前，然后右臂左腿向前）。

4）教师根据宝宝实际需要固定宝宝的髋关节或者肩部，将其身体重心移向一侧，抬起其另一侧腿，协助宝宝向前爬行。

5）教师鼓励宝宝向地毯中间爬行，伸手去把小毛巾拿开，取出八音盒："呀，唱歌的玩具在这里呢，宝宝可真棒呀！"

6）拿到八音盒后，教师可以让宝宝坐在地毯上自己玩儿一会儿，让宝宝有成就感。

◎ 小贴士：

1）对于头部控制能力较差的宝宝，教师在辅助宝宝爬行时，要扶着宝宝的头部，防止宝宝的头碰到地上。

2）如果宝宝下肢紧张，教师可以帮助宝宝将双腿分开，帮其跪稳后，再练习一步一步爬行。

（3）扶物行走

★ **活动1：拉着教师的手行走**

活动目标：宝宝能够依靠教师的力量移动身体重心，主动迈步

图 1-23　宝宝拉着教师的手行走

活动过程：

1）教师拉着宝宝的手与宝宝面对面站着，听着儿歌。

2）教师小步后退，引导宝宝向前迈步。

3）可以配合音乐，跟着音乐的节拍。

★ **活动 2：扶栏行走**

活动目标： 宝宝能够依靠物体的支撑移动身体重心，主动迈步

活动准备： 活动室中低矮的栏杆，呼啦圈

活动过程：

1）让宝宝扶着栏杆站着听儿歌，提高宝宝对站立的兴趣。

2）教师与宝宝一边听歌曲，一边迈步向前走。

3）教师的步伐要小一些、慢一些。

4）如果在地上练习，教师可以在地上画一些小脚印，让宝宝踩着脚印迈步。

图 1-24 宝宝扶着栏杆站着听儿歌

◎ **小贴士：** 教师要注意安全，防止宝宝摔倒碰到头部。

【单元评估】

发展目标	通过标准	完成情况			起始日期	结束日期	备注
		不会	会一点	全会			
翻身	能够主动向身体两侧翻身						
自如爬	能够手膝位交替爬行						
扶物行走	能够扶物主动迈步向前走						

一 运动技能

（二）精细动作能力

精细动作与前面所讲的粗大运动都属于宝宝的运动技能，都是需要身体肌肉活动才能完成的行为。与粗大运动不同的是，精细动作是较小的动作，例如用大拇指和食指捏起东西、转动脚趾或用嘴唇和舌头品尝、感受物品等。对于0~1岁的宝宝来说，手部活动是他们探索外界的开始，同时手也是宝宝很好的玩具。这个阶段的宝宝手部活动从粗大的抓握活动到精细的对指捏物件，手部能力得到了快速的发展。本单元从抓住放在手中的东西、双手抚摸、张开、合拢手掌、伸手够物等抓握动作，用拇指与其他手指对捏取物、拇指与食指对捏取物等对指对捏取物，以及有目的的投东西、放下一物取另一物、将小物体放入小容器等协调动作三个训练点展开，期望通过各种活动、游戏提升宝宝的手部活动能力。

1. 抓握动作

（1）手部感知练习

★ **活动1：手部感知练习**

活动目标： 帮助宝宝感知手的存在，体验手的动作

活动过程：

1）在宝宝手腕部系上铃铛或红色手帕、鲜艳的手镯，来吸引宝宝对手部的感知，帮其感知手的存在，体验手的动作。

2）脱下系在宝宝手腕上的物品让宝宝瞧瞧、摸摸，让其感觉一下这些东西与手部动作的关系。

图1-25 在宝宝手腕部位系上铃铛或红色手帕等，挥舞宝宝的胳膊，吸引其对手腕的注意

★ **活动 2：小鸟飞**

活动目标：

1）宝宝能够做张开手掌的动作

2）宝宝能够做合拢手掌的动作

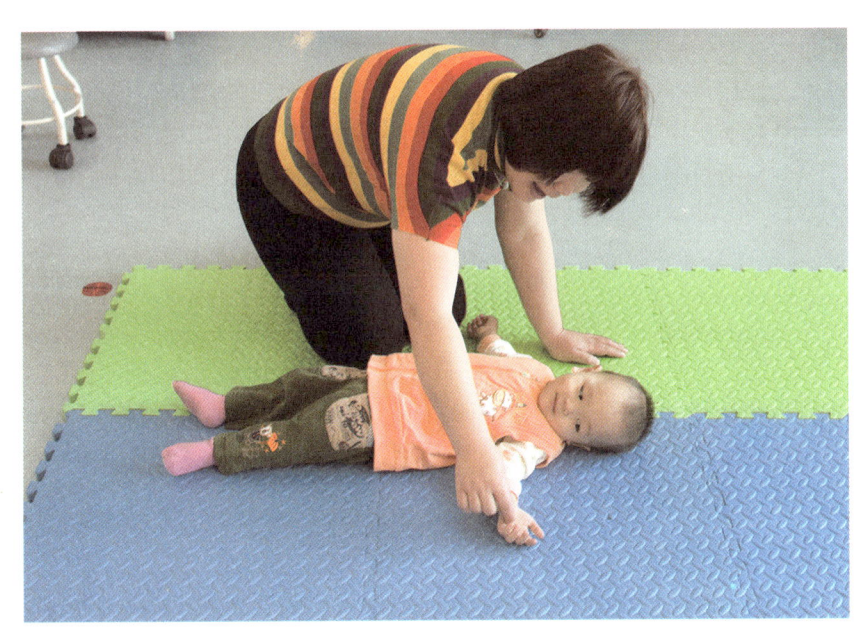

图 1-26.1　宝宝仰卧位，教师将手指放在宝宝手心里

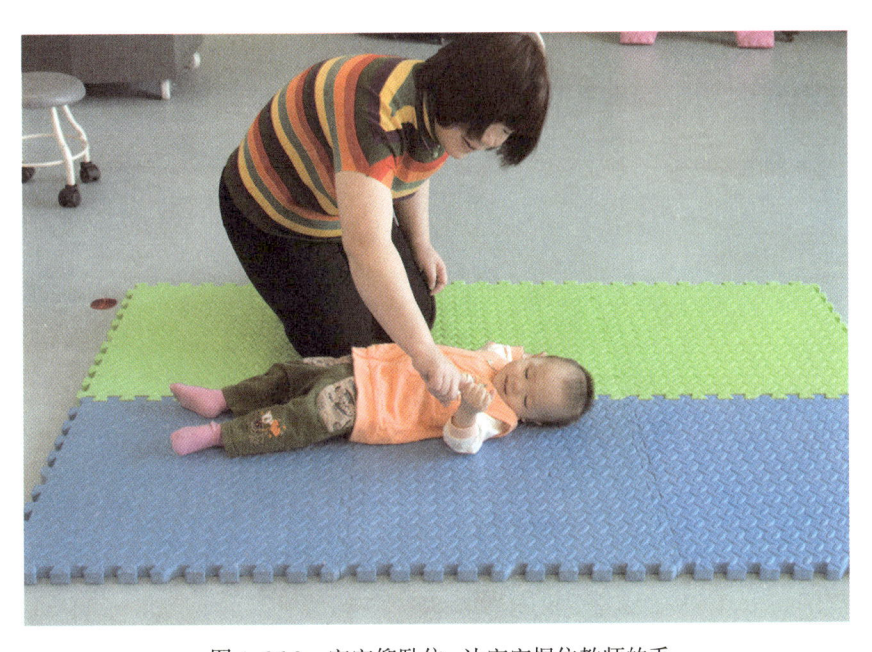

图 1-26.2　宝宝仰卧位，让宝宝握住教师的手

活动过程:

1）宝宝仰卧位，教师将手指放在宝宝的手掌里"抓痒痒"，鼓励宝宝张开、合拢手掌，反复多次。
2）也可以让宝宝坐在教师的腿上，教师抓住宝宝的双手，帮助其张开、合拢。
3）教师与宝宝一起玩儿"小鸟飞走了"的游戏，鼓励宝宝打开手掌。
4）教师与宝宝一起玩儿"小鸟飞回来了"的游戏，鼓励宝宝合拢手掌。
5）游戏时教师与宝宝唱儿歌《小鸟飞》：

小鸟、小鸟，飞飞，
小鸟、小鸟飞走了（打开手掌）。
小鸟、小鸟，飞飞，
小鸟、小鸟飞回来了（合拢手掌）。

◎ 小贴士：如果宝宝手指握拳较紧，教师将大拇指深入宝宝的手掌心，慢慢将宝宝的手指打开，不要过于用力。

（2）抓住放在手中的东西

★ 活动1：拨浪鼓，咚咚咚

活动目标：

1）宝宝能够抓住放在手中的直棒、环形玩具

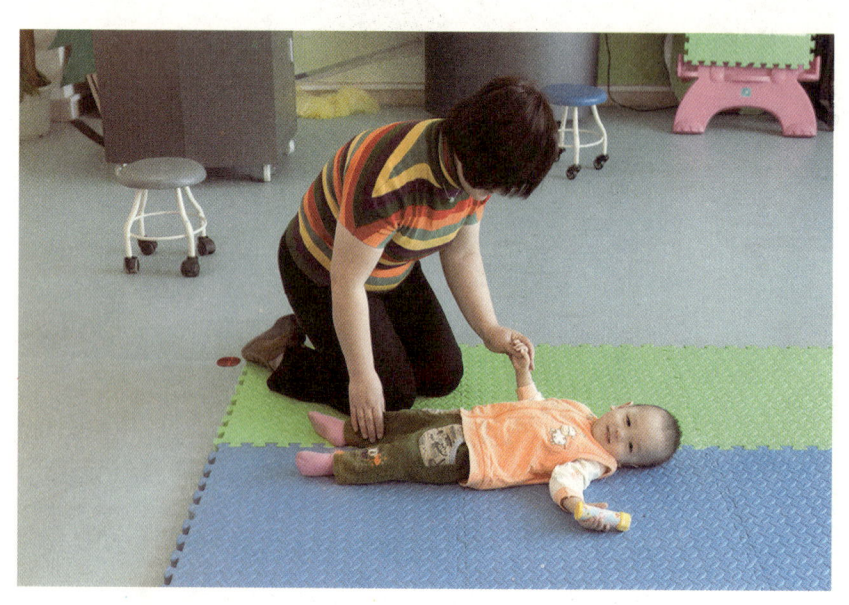

图1-27 教师将直棒放入宝宝手掌中

2）宝宝能够在手部活动时保持身体的平衡

活动准备： 直棒玩具（拨浪鼓、铃铛、砂槌，环形玩具如塑料套圈、胶圈）

活动过程：

1）宝宝仰卧位，教师与宝宝面对面，手拿着直棒的拨浪鼓，摇动发出声音，吸引宝宝的注意力。
2）教师将宝宝的手摊开，放入直棒的拨浪鼓，让宝宝用手抓握，鼓励宝宝摇动。
3）教师可以让宝宝逐渐练习抓住环形玩具，如塑料套圈、胶圈等。
4）宝宝抓住玩具后，教师要鼓励宝宝眼睛看着手中的玩具。

◎ 小贴士：

1）如果宝宝抓握有困难，教师需要协助宝宝弯屈手指，并帮助宝宝摇晃玩具。
2）教师也可以使用玩具轻触宝宝手心，诱发宝宝的抓握反应，协助宝宝习得抓握动作。

（3）伸手够物、取物

★ 活动1：够彩带或玩具

活动目标： 宝宝能够伸手够到彩带或玩具
活动准备： 颜色鲜艳的彩带或玩具

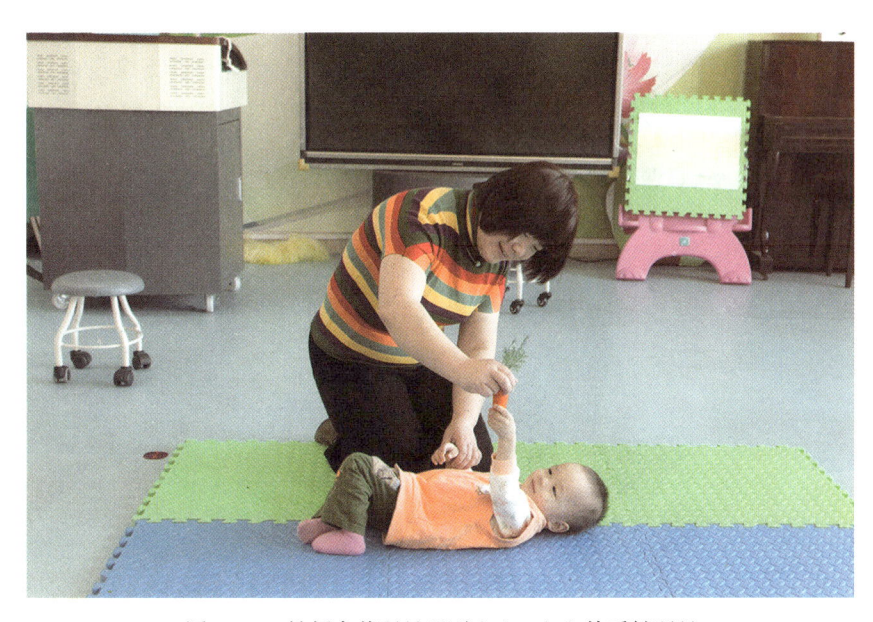

图1-28　教师拿着玩具吸引宝宝，宝宝伸手够玩具

活动过程：

1）宝宝仰卧位，教师将颜色鲜艳的彩带或玩具在其前面晃动，吸引宝宝的注意力，

并且让宝宝跟随彩带或玩具移动视线。

2）教师将彩带或玩具放到宝宝伸手可以够到的位置，鼓励宝宝伸手够。

3）宝宝够到彩带或玩具后，教师可以将彩带或玩具给宝宝玩儿。

◎ 小贴士：

1）如果宝宝上肢紧张，不能主动伸展，教师可以辅助宝宝的肩部及上肢去够彩带。

2）如果宝宝伸手够物的欲望不强，教师可握住宝宝的手带其做几次，诱发宝宝伸手的兴趣或选择宝宝喜爱的玩具。

★ **活动 2：拿小铃铛**

活动目标： 宝宝能够将手伸向不同的方向去拿玩具

活动准备： 垫子，铃铛等能够发出声音的玩具

活动过程：

1）宝宝坐在垫子上，教师拿着可以发出声音的玩具，如铃铛等，吸引宝宝的注意。

2）教师将铃铛放在宝宝伸出手可以取到的位置，鼓励其伸手去拿铃铛。

3）开始时教师可以将玩具放到距离宝宝身体近一些的地方，也可以帮助宝宝去拿玩具。

4）教师逐渐鼓励宝宝自己伸展手臂去拿玩具，当玩具发出宝宝喜爱的声音时，会增加宝宝伸手拿玩具的兴趣。

5）教师可以将铃铛放到宝宝身体的不同侧面，鼓励宝宝一手支撑身体，另一手去拿玩具。

图 1-29.1　宝宝坐在垫子上，伸手去拿前面的铃铛

图 1-29.2　宝宝坐在垫子上，伸手去拿一侧的铃铛

◎ 小贴士：

1）宝宝喜欢将玩具放在嘴里，注意宝宝玩具要清洁、安全。

2）教师可以鼓励宝宝坐着时练习伸出手臂支撑身体不摔倒，这对于脑瘫宝宝保护自己非常重要。

（4）以物敲击

★ 活动1：电子琴，真好听

图 1-30　宝宝坐在垫子上用手敲打电子琴

37

活动目标：宝宝学会敲击琴键

活动准备：玩具电子琴

活动过程：

1) 宝宝坐在垫子上或者教师将宝宝抱在腿上，前面放一个玩具电子琴。
2) 教师用手敲击琴键，电子琴发出优美的音乐声。
3) 辅助宝宝敲打琴键，开始时可以让其用一只手敲打，逐渐可以用两只手。

◎ **小贴士：**

1) 教师也可以抱着宝宝站在镜子前，拍打镜子里面的影子，这也是一个很好玩儿的游戏。
2) 如果宝宝打开手指有困难，教师需要协助宝宝将手指打开。

★ **活动2：小手拍拍来唱歌**

活动目标：在教师辅助下宝宝能有节奏地拍手

活动准备：儿歌，带铃铛的发圈

活动过程：

1) 教师和宝宝坐在垫子上或者将宝宝抱在腿上，在宝宝的手腕上戴上漂亮的带铃铛的发圈。
2) 教师播放儿歌，教师示范听儿歌拍拍手。
3) 教师边协助宝宝模仿自己，边拍手唱儿歌《我有一双小小手》：

图1-31　宝宝坐在垫子上与教师一起拍手（宝宝手上戴发圈）

一 运动技能

> 我有一双小小手，
> 能洗脸来能漱口，
> 会穿衣，会梳头，
> 自己事情自己做。

◎ **小贴士**：教师协助宝宝将双手放在胸前，鼓励宝宝看着胸前双手，并提醒宝宝将双手的手指打开，两手掌贴在一起。待宝宝可以做到将双手放于中线位后，可协助宝宝模仿拍手动作。

★ **活动3：小积木，当当响**

活动目标：宝宝能够用双手分别拿1块积木对敲

活动准备：垫子，积木4块

活动过程：

1）教师与宝宝面对面坐在垫子上。
2）教师协助宝宝伸手去拿积木。
3）教师双手分别拿着积木示范对敲。
4）教师协助宝宝用双手敲打积木，逐渐让宝宝模仿教师的动作，学会自己敲打积木。
5）教师可以与宝宝边敲边数数，有节奏地敲打。

图1-32 教师与宝宝坐在垫子上双手拿积木对敲

◎ **小贴士**：教师需要协助宝宝在身体前中线位完成。

★ **活动4：拍拍音乐小鼓**

活动目标：宝宝学会拍打小鼓

活动准备：音乐小鼓（有声音的）

活动过程：

1）教师出示玩具小鼓，向宝宝介绍它的名字。

2）教师示范把一只手举起，然后用手掌拍打小鼓，小鼓发出好听的声音。轮流换手操作，或也可双手一起拍打小鼓。

3）请宝宝坐在垫子上或者教师将宝宝抱在腿上，前面放一个音乐小鼓。

4）教师辅助宝宝拍打小鼓，开始时可以让其用一只手拍打小鼓，逐渐可以用两手拍打。

◎ **小贴士**：对于发展程度较好的宝宝，可请他们自己拍打小鼓，也可让其使用小木棍敲打音乐小鼓。

【单元评估】

发展目标	通过标准	完成情况			起始日期	结束日期	备注
		不会	会一点	全会			
张开与合拢手掌	能够打开手掌、合拢手掌拍打玩具						
抓住放在手中的东西	能够握住放在手中的玩具不掉下来						
伸手够物、取物	能够伸出手臂主动够玩具并能从大口容器内取出玩具						
以物敲击	能双手拿着玩具在胸前敲打						

2. 手指对捏动作

★ **活动1：用拇指与其他手指取物**

活动目标：宝宝能够用拇指与其他手指对捏拿起玩具（可接触手掌）

活动准备：玩具盒（里面装有宝宝喜欢的玩具），垫子

活动过程：

1）教师让宝宝坐在垫子上，如宝宝坐不稳，教师可以用手支撑其髋部和腰部，使宝宝坐稳。

2）另一名教师拿着玩具盒与宝宝面对面，使玩具盒与宝宝视线处于水平位置。
3）在宝宝的注视下，教师将宝宝喜欢的玩具放到盒子里，并将盒子放到宝宝面前。
4）教师有意识地晃动箱子，让其发出声音，吸引宝宝的注意力。
5）教师协助宝宝将手伸到盒子里，用拇指与其他手指对捏拿玩具。
6）宝宝从盒子里拿出一件玩具，教师鼓励宝宝将玩具举起来摇动。

图 1-33　宝宝坐在地毯上，教师鼓励其伸手拿玩具

◎ 小贴士：

1）如果宝宝下肢紧张，可以让宝宝盘坐。
2）教师可以鼓励宝宝在坐位下练习，让其伸出手臂支撑身体不摔倒，这对于脑瘫宝宝保护自己非常重要。
3）在训练的起始阶段，教师可选择与宝宝手掌大小相适且表面粗糙的玩具。当宝宝手指对捏能力提高后可选择较小及不同材质的玩具。

★ **活动 2：拇指与食指捏取小饼干**

活动目标： 宝宝能够用拇指与食指对捏物件

活动准备： 小饼干，小筐

活动过程：

1）教师与宝宝面对面坐好。
2）教师拿出准备好的装有小饼干的小筐。
3）教师示范用拇指、食指对捏将小饼干取出来，放到一边。
4）协助宝宝模仿教师的动作，用拇指与食指捏取小饼干，如此反复多次。

图 1-34　宝宝拇指、食指捏着小饼干

◎ 小贴士：

1）对于部分能力较低的宝宝，教师可以两手协助其拇指、食指对捏小饼干，让宝宝体会捏的动作。

2）对于智力发育较好的宝宝，教师可以告诉宝宝饼干的名称、形状、颜色等。

【单元评估】

发展目标	通过标准	完成情况			起始日期	结束日期	备注
		不会	会一点	全会			
用拇指与其他手指取物	能够用拇指及其他手指拿玩具						
拇指与食指对捏取物	能够用拇指、食指对捏物件						

3. 协调动作

★ **活动 1：鼓励宝宝投掷可发声的小球**

活动目标： 宝宝能够有意识地扔东西

活动准备： 几个能够发声的小球

活动过程：

1）宝宝坐在垫子上，教师坐在宝宝旁边。

2）教师拿起一个小球，将球扔出去。教师可以多次示范，让宝宝明白"投掷"的概念。

3）教师递给宝宝一个能发声的小球。

4）另一名教师可以在宝宝的对面，用各种方法引导其将小球投出去，让宝宝学会有意识地扔球。

图 1-35　宝宝一手拿着球举起来准备投掷出去

◎ 小贴士：

1）教师观察宝宝做扔的动作的起始能力，若宝宝不能完成扔的动作，可将扔球的过程进行动作分解：例如可分解为拿球、双手拿球举高、向外丢等步骤，分步骤教授给宝宝。

2）如果宝宝的手指不能打开，教师要用手扶着宝宝拿球的手。

3）如果宝宝不能坐稳，教师可以在后面固定其髋部。

★ **活动 2：将积木放在开口较大的盒子里**

活动目标：宝宝能够将积木准确地放进盒子里

活动准备：垫子，积木，玩具盒子

活动过程：

1）宝宝坐在垫子上，教师在其面前放上一些积木和一个透明的玩具盒子。

2）教师先示范，将积木拿起来放进盒子里，积木掉在盒子里会发出声音吸引宝宝。

3）教师鼓励宝宝模仿这个动作，宝宝经过练习，会逐渐掌握这个动作。

4）宝宝将积木全部放入盒子后，从盒子外面可以看到玩具。

5）教师可以协助宝宝把盒子倒过来，把玩具倒出，继续玩儿。

图 1-36　宝宝坐在垫子上将积木放到盒子里

◎ 小贴士：

1）如果宝宝伸直手臂有困难，教师可以协助宝宝伸直手臂，将手指打开。

2）教师可以在日常生活中鼓励宝宝将糖纸、果皮扔到垃圾箱里面。

★ **活动 3：投掷游戏**

活动目标： 宝宝能够将彩色小球准确地投进盒子里

图 1-37　宝宝坐在垫子上，手拿小球向容器投掷

活动准备：垫子，彩色小球，容器（如纸盒或小桶）

活动过程：

1）准备一个容器（如纸盒或小桶）和一些彩色塑料小球。

2）先给宝宝做示范说："我们来比赛扔球。"然后将小球一个个扔进容器里，再让宝宝模仿。

3）开始时，可将容器和球放在接近宝宝身体的地方，随着宝宝能力的提高，可逐渐将纸盒前移。

◎ **小贴士**：游戏可增进宝宝与教师的交流，激发宝宝积极愉快的情绪。

【单元评估】

发展目标	通过标准	完成情况			起始日期	结束日期	备注
		不会	会一点	全会			
有意识地投东西	能够举起球有意识地投出去						
将小物体放入小容器内	能够拿起玩具放到盒子里						

二 认知能力

（一）感知觉

宝宝认知能力的发展是遵循一定规律且逐步发展的过程。在宝宝0~1岁期间，其认知能力的发展主要是培养其感知觉、注意、记忆以及思维能力。其中，感知觉训练是认知过程的开端。本单元主要围绕看东西、对声音有反应、头能转向声源、见物有伸手抓握的意图、对周围事物关心五个训练点，以游戏及情景教学的形式，通过多感官刺激，促进宝宝感知觉能力的发展。

1. 看东西

★ 活动1：看一看

活动目标： 能够用眼睛去注视一个物体一段时间
活动准备： 毛绒玩具熊
活动过程：

1）宝宝取仰卧位，教师将毛绒玩具熊放在宝宝眼睛上方20~30cm处，轻轻晃动。
2）教师用语言与宝宝交流，引导宝宝注意眼前的玩具。教师在宝宝眼睛上方将毛绒玩具熊向下缓慢移动，观察宝宝对玩具的反应。
3）教师将毛绒玩具熊移至宝宝眼前，轻抚宝宝脸颊，从触觉上让宝宝对毛绒玩具熊有进一步的认识。

◎ **小贴士：** 活动中教师要密切注意宝宝的反应，对于反应较迟钝的宝宝，教师应从多方面吸引宝宝注意眼前的物体，如用亲切的语言、颜色鲜艳的玩具，或者选择一些会发声的玩具。

★ 活动2：扩大视野

活动目标： 不断更新视觉刺激，扩大宝宝的视野
活动过程：

1）将宝宝抱在怀里，使其处于舒适的体位。
2）引导宝宝认识、观看周围的生活用品。可边让宝宝看边给宝宝解释说明物品的名称。
3）引导宝宝认识、观看窗外的自然景观。
4）引导宝宝认识、观看图片，并与食物做比较。

◎ **小贴士：**

1）此项训练应在日常生活中随机进行，并在起始阶段选择宝宝熟悉的、在生活中常接触的物品，再选择相对陌生的物品。
2）从引导宝宝观察由眼前的物品逐渐过渡到观看较远处的物品。

2. 对声音有反应

★ 活动1：听一听

活动目标： 对声音有反应
活动准备： 带响声的玩具（摇铃）
活动过程：

1）宝宝取仰卧位，教师在宝宝眼前晃动摇铃，观察宝宝对声音是否有反应。

2）教师突然在宝宝的侧上方摇晃手中的玩具，教师："宝宝，你听，这是什么声音？多好听啊。"

3）观察宝宝是否能够转头寻找发声玩具。

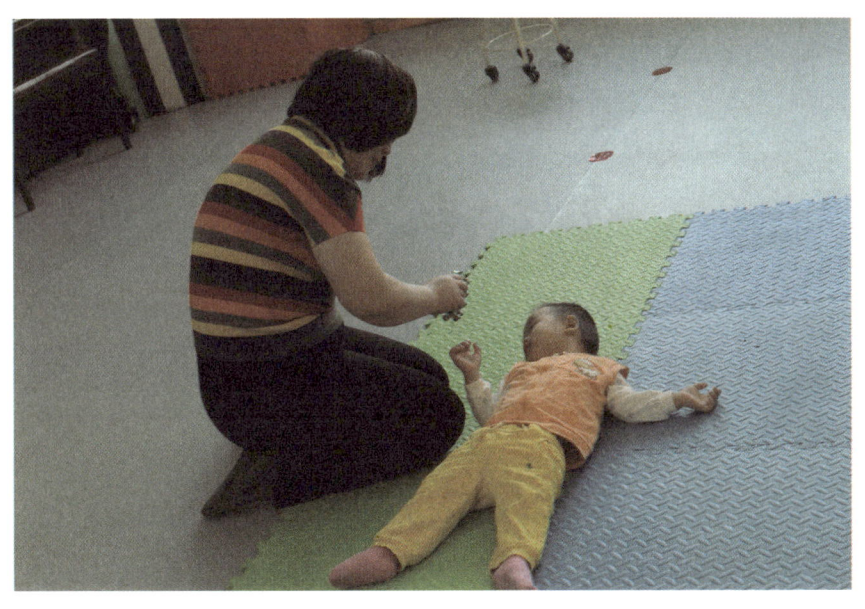

图1-38 宝宝躺在垫上，教师在宝宝右侧上方摇晃手中的摇铃，宝宝转头寻找声源

◎ **小贴士**：建议此训练要循序渐进，先从宝宝对声音的反应开始，然后从不同方向训练宝宝寻找声源。

★ **活动2：听保育员说话**

活动目标：对熟悉的保育员的声音有反应

活动过程：

1）宝宝取仰卧位。
2）保育员可在宝宝周围不同方向用说话声训练宝宝转头寻找声源。
3）保育员用愉快、亲切、温柔的语调面对面地和宝宝说话，可吸引宝宝注意成人说话的声音、表情、口形等，诱发宝宝良好、积极的情绪和发音的欲望。
4）改变对宝宝说话的声调来训练宝宝分辨各种声音。

◎ **小贴士**：不要突然使用过大的声音，以免宝宝受惊吓。

3. 伸手抓握意图

★ **活动1：抓苹果**

活动目标：看到眼前的物体能够伸手抓握

二 认知能力

49

活动准备： 教师在课前准备一种宝宝常见的水果（如苹果或香蕉等）
活动过程：

1）教师与宝宝面对面，教师将水果拿到宝宝眼前，并用语言描述水果的特征，教师："宝宝，这是苹果，红红的苹果，甜甜的苹果。"
2）教师在描述水果的同时观察宝宝的反应。
3）教师将水果移至宝宝眼前，一边逗宝宝，一边引导宝宝主动伸手去抓握。

图 1-39.1　教师将宝宝抱坐于坐垫上，与宝宝面对面，将水果拿到其眼前

图 1-39.2　教师将宝宝抱坐于坐垫上，与宝宝面对面，让其伸手拿苹果

◎ 小贴士：

1）在训练宝宝见物体主动伸手抓握时可以选择不同的物品，随时随地训练，但要注意宝宝的安全，以防肢体障碍宝宝在练习时摔倒。
2）若宝宝不肯伸手抓物，教师可以拿着宝宝的手协助宝宝抓苹果。待碰到苹果后可奖励其吃一点。待宝宝有抓的意识后，教师可逐渐降低协助程度，如教师可将辅助的手逐渐移动到宝宝的前臂、肘关节、肩部，直到宝宝可独立伸手抓物。

★ 活动2：抓玩具

活动目标： 看到眼前的物体能够伸手抓握

活动准备： 在宝宝眼前悬吊一个颜色鲜艳的玩具

活动过程：

1）宝宝持仰卧状态，在宝宝眼前悬吊一个颜色鲜艳的玩具。
2）握着宝宝的手，帮助其触碰玩具。
3）握着宝宝的手，帮助其抓握面前悬吊的玩具。
4）吸引宝宝抓握面前悬吊的玩具，促进其眼、手的协调和视知觉的形成。

图1-40 宝宝仰卧于坐垫上，眼前悬吊一个颜色鲜艳的玩具，教师握着宝宝的手，帮助其抓握面前悬吊的玩具

★ 活动3：抓纱巾

活动目标： 摸触到物体能够伸手抓握

活动准备： 在宝宝头部放置一块纱巾

活动过程：

1）宝宝仰卧状态，教师将纱巾放到宝宝头部，并轻轻晃动。
2）教师在晃动纱巾的同时观察宝宝的反应。
3）教师将纱巾盖在宝宝的头上，一边逗宝宝，一边引导宝宝主动伸手去抓。

◎ **小贴士**：建议教师对不会主动伸手的宝宝，要协助他抓握纱巾，并给予宝宝及时的奖励。

4. 对周围事物关心

★ **活动1：发生什么事了？**

活动目标：对周围发生的事情有反应，能主动注意看、听
活动准备：邀请两位儿童或教师一起活动
活动过程：

1）教师将宝宝抱在胸前，请两位儿童或教师在旁边做游戏。
2）引导宝宝注意周围出现的人。教师可边引导宝宝看边对宝宝解释说明看见的活动，如"看，两个老师在拍手"。

图1-41 教师将宝宝抱在胸前，宝宝注意看两位教师在旁边做游戏

◎ **小贴士：**

1）这个内容的训练主要是训练宝宝对周围事物的感知力，要与宝宝日常生活相联系。
2）当宝宝注意力集中在某事件或物品上时，教师不要急于解释，给予一段时间让

宝宝主动吸收信息。

★ **活动 2：摇铃铛**

活动目标：对周围发生的事情有反应，能主动注意看、听
活动准备：松紧带，铃铛
活动过程：

1）用松紧带在床栏上吊铃铛，另一端拴在宝宝的任一手腕上。

图 1-42.1　宝宝一手系上手铃，站立，注视着手腕

图 1-42.2　宝宝一脚系上脚铃，站立，注视脚腕，或弯腰看脚腕

二　认知能力

53

2）教师先动松紧带使铃铛发出声音。

3）开始，宝宝会全身使劲儿动，使铃铛作响，一段时间以后，宝宝就会只动那只拴松紧带的手腕，摇响铃铛。

4）1~2天以后，将松紧带拴在宝宝的一只脚踝上，训练宝宝找到这只脚踝。

【单元评估】

发展目标	通过标准	完成情况			起始日期	结束日期	备注
		不会	会一点	全会			
注视一个东西一段时间	能用眼睛注视眼前的物体						
对声音有反应	听见声音后有反应，能主动转头寻找声源						
见物有伸手抓握意图	见到物体能伸手去抓，但不一定能抓到						
对周围事物关心	对周围发生的事情能主动去看、听						

（二）注意力

本单元主要围绕注意大型玩具，对感兴趣的事集中注意力，视线随物体转动三个训练点，以游戏为主要形式，促进宝宝注意力的发展。

1. 注视视线内活动的物体

★ 活动1：红气球，真漂亮

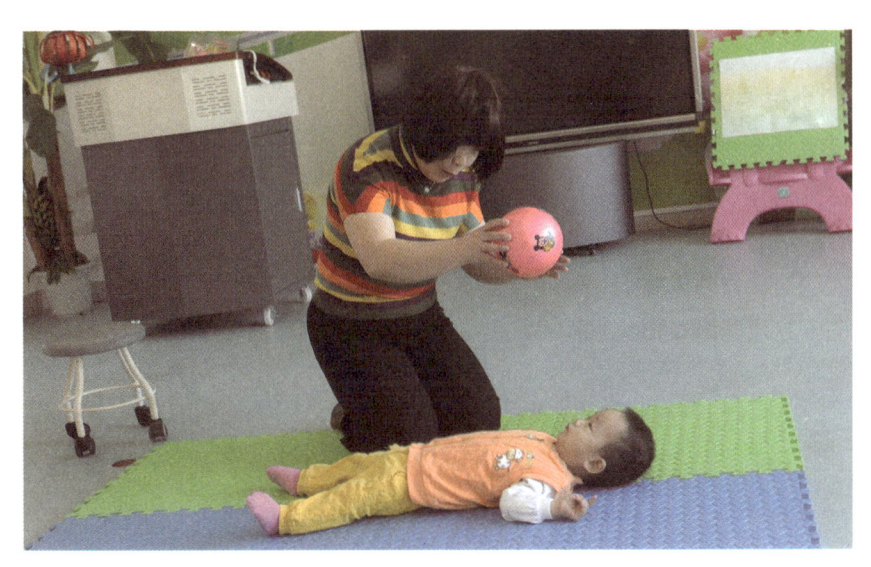

图1-43.1　宝宝躺在垫子上，教师用红气球吸引宝宝的视线

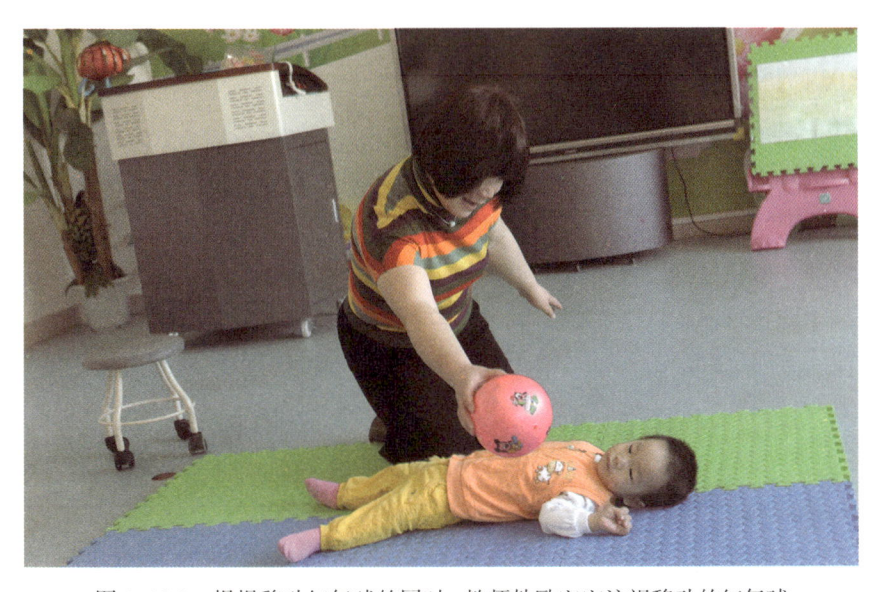

图1-43.2　慢慢移动红气球的同时，教师鼓励宝宝注视移动的红气球

二　认知能力

活动目标： 宝宝能够注视在视野范围内移动的红气球

活动准备： 舒适安静的环境，一个红气球

活动过程：

1）教师让宝宝仰卧位躺在垫子上。

2）教师坐在宝宝前面，拿着红气球，在离宝宝面前大约20cm左右的位置来回慢慢移动几下。

3）慢慢移动红气球的同时，教师用温和的声音对宝宝说："宝宝，看看红气球，多漂亮呀！咦，红气球在哪里呢？"鼓励宝宝注视移动的红气球。

◎ **小贴士：** 红气球可以换为其他宝宝喜爱的玩具或色彩鲜艳、可发光发声的玩具。

★ **活动2：小兔子在哪里？**

活动目标： 宝宝能够注视在视线内跳动的教师

活动准备： 小兔子头饰

活动过程：

1）宝宝坐在教师的腿上，教师与宝宝面对面。

2）主讲教师拿出小白兔的图片，引导宝宝看图片并一起念儿歌《小白兔》：

小白兔，白又白，
两只耳朵竖起来。
爱吃萝卜爱吃菜，
蹦蹦跳跳真可爱。

3）主讲教师告诉宝宝："快看，可爱的小白兔来了！"

4）辅助教师带着小白兔头饰，在宝宝前面慢慢跳动，一边跳一边念儿歌《小白兔》，吸引宝宝的注意力。

5）对于精神不集中的宝宝，辅助教师可以在宝宝面前多停留一会儿。

6）主讲教师提示宝宝视线随着辅助教师的移动而进行追视。

◎ **小贴士：**

1）教师在教学过程中可以依据具体情况来选择色彩鲜艳的玩具代替小白兔图片。

2）对于弱视宝宝，教师在移动玩具时动作要更慢一些。依据宝宝的能力，辅助教师移动的位置与宝宝眼睛的距离也可以近一些。

2. 视线随物体转移

★ **活动1：小鱼跳**

活动目标： 能够追视摆动的小鱼

活动准备： 筷子，线绳，红色的小鱼玩具

活动过程：

1）教师将线绳的一端系在木棒或纸棒上，另一端系在小鱼玩具上。

2）宝宝取仰卧位，教师将做好的教具放在宝宝眼睛上方轻轻晃动，吸引宝宝的注意。

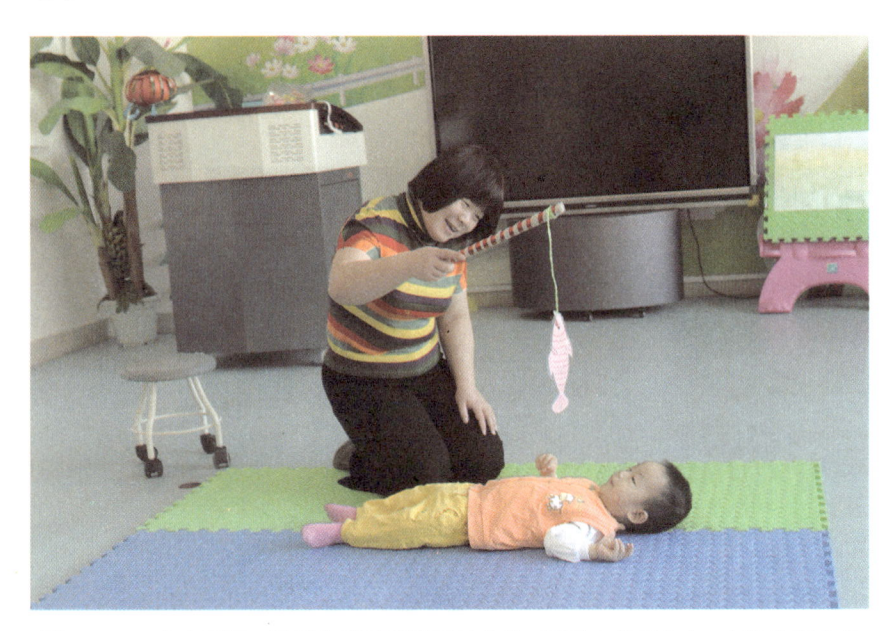

图 1-44.1　宝宝仰躺，教师拿着系着绳子的小鱼，置于宝宝正上方，宝宝注视小鱼

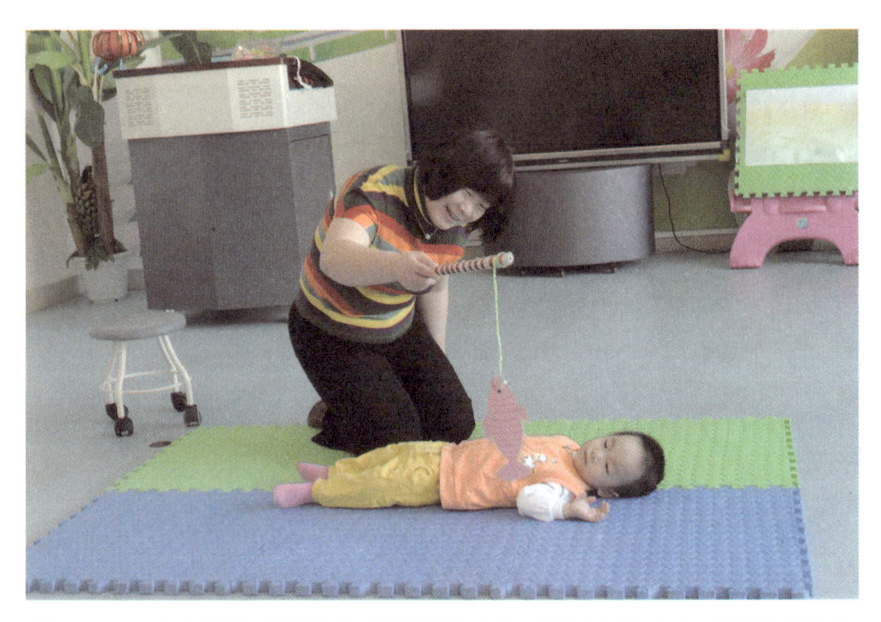

图 1-44.2　宝宝仰躺，教师拿着系着绳子的小鱼，置于宝宝左上方，宝宝注视小鱼

3）教师对宝宝说："宝宝，这是小鱼，它是红色的，你看，小鱼要跳起来了。"
4）教师在宝宝上方向左右、上下摆动小鱼，引导宝宝的眼睛随着小鱼转动。

◎ 小贴士：

1）教师提示宝宝眼睛看着小鱼，再将小鱼慢慢地上下、左右移动。
2）教师刚开始训练宝宝时，摆动小鱼的速度要慢，幅度要小，随着宝宝能力的加强再逐步增加训练难度。

★ 活动2：找玩具

图1-45.1　教师抱着宝宝站立，在宝宝眼前放置玩具，宝宝伸头注视玩具

图1-45.2　教师抱着宝宝站立，在宝宝眼前的地上放置玩具，宝宝追视

活动目标：宝宝能够追视

活动准备：能发声的以及不能发声的玩具

活动过程：

1）教师将宝宝抱起，使其处于直立状态。
2）将可发声的玩具从宝宝的眼前扔到地上，发出声音，看宝宝是否用眼睛追随，伸头去找。
3）如果宝宝能够追视，继续将不发声的玩具扔到地上，看宝宝是否能够追视。
4）如果宝宝追视，就将玩具捡起给他，以示鼓励。
5）如若宝宝不追视，教师要引导宝宝，告诉他玩具在哪。

3. 对感兴趣的事集中注意

★ 活动1：我喜欢它

活动目标：能够对感兴趣的事物集中注意

活动准备：教师准备两个玩具（如会飞的小鸟、会唱歌的玩具熊）

活动过程：

1）宝宝取仰卧位，由两位教师分别拿两个不同的玩具在宝宝面前表演。
2）一位教师将"小鸟"放在宝宝的一侧，教师："宝宝，你看小鸟，它要飞起来了。"
3）另一位教师将"玩具熊"放在宝宝的另一侧，教师："宝宝，这是一个会唱歌的小熊哦，我们一起听一听小熊在唱什么啊？"
4）在两位教师表演时，教师要注意观察宝宝对哪个玩具感兴趣，并观察他注视的时间。

★ 活动2：找彩豆

活动目标：能够对感兴趣的事物集中注意

活动准备：装有彩豆的小瓶，大纸盒

活动过程：

1）宝宝取舒适的姿势坐在教师怀里。
2）将装有彩色豆子的小瓶给宝宝玩儿，让宝宝拿着小瓶看彩豆或摇一摇。
3）宝宝看得高兴时，教师将小瓶取回放进面前的大盒子内。
4）引导宝宝找到盒子里的小瓶并提示宝宝取回小瓶继续看彩豆或摇一摇。

◎ 小贴士：此活动不但能训练宝宝将注意力集中在自己喜欢的事物上面，还有助于宝宝在无意识探索中建立对物质的永久性概念。

【单元评估】

发展目标	通过标准	完成情况			起始日期	结束日期	备注
		不会	会一点	全会			
注视视线内活动的物体	能够注视在视线内移动的物体						
视线随物体转动	能够追视转动的物体						
集中注意感兴趣的事物	对感兴趣的事物能够集中注意						

（三）记忆力

本单元主要围绕会找失落的玩具，见到熟人和陌生人有不同表现两个训练点，以游戏和情景教学的形式展开训练，期望通过本单元的学习，提高宝宝的记忆能力。

1. 对亲近的人欠身想要抱

★ **活动1：老师抱我**

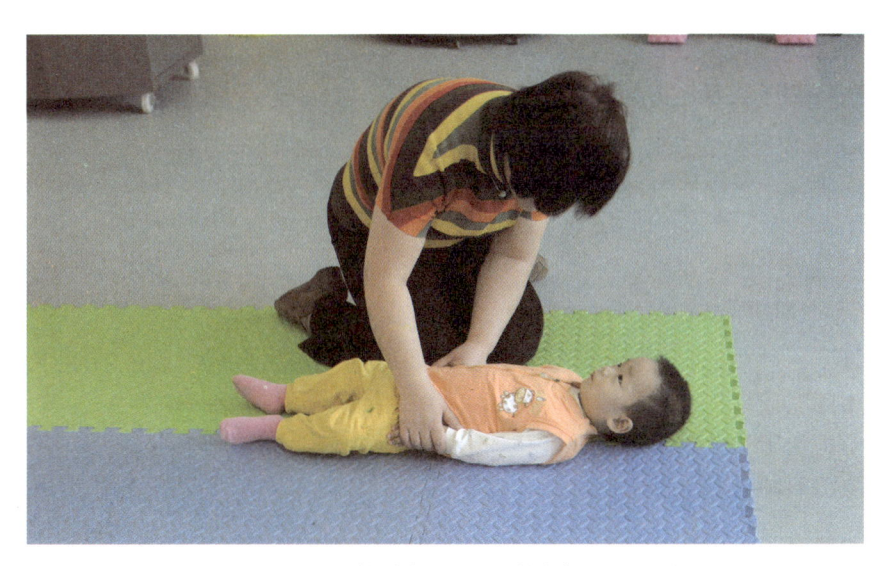

图 1-46.1　宝宝仰卧在坐垫上，教师与宝宝面对面

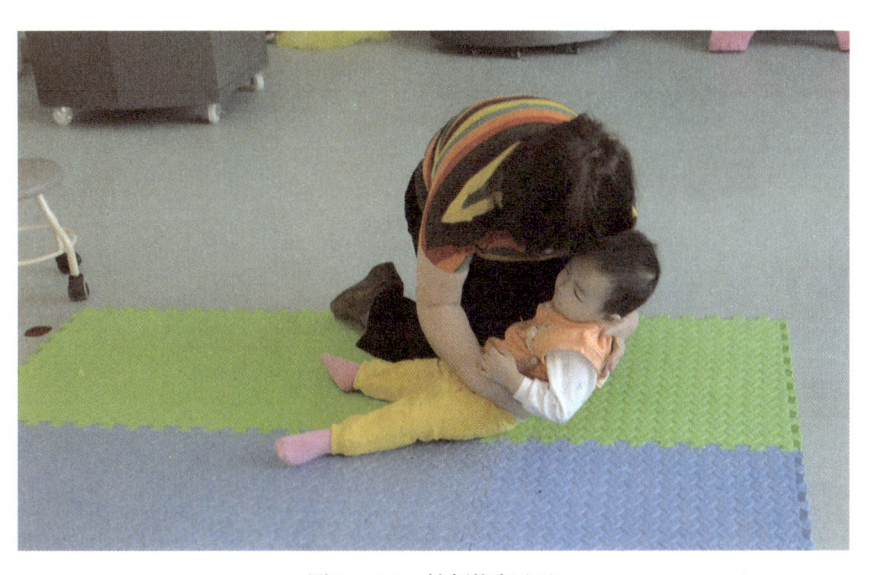

图 1-46.2　教师抱起宝宝

二、认知能力

61

活动目标： 宝宝能让其所熟悉的教师抱抱

活动准备： 儿歌

活动过程：

1）宝宝仰卧在床上。
2）教师与宝宝面对面，面带笑容温柔地说话或念儿歌。
3）教师抱起宝宝，并继续与宝宝一起玩耍。
4）经过一段时间，宝宝就会养成让教师抱着自己的习惯。

◎ **小贴士：** 建议教师在课前与宝宝问好或鼓励宝宝时更多地拥抱宝宝，以便宝宝慢慢明白"拥抱"的意义。

★ **活动2：老师，我要你抱抱我**

活动目标： 宝宝看见熟悉的教师，能主动让其抱抱

活动准备： 玩具，儿歌

活动过程：

1）教师与宝宝坐在垫子上玩儿玩具、听音乐。
2）这时进来一名平时经常照顾宝宝的教师，宝宝非常熟悉、喜欢她。"宝宝，看看谁来了？哦，是老师回来了！"教师要求宝宝伸手抱抱刚进来的教师，若宝宝不能完成，教师拉着宝宝的手辅助其做出拥抱姿势。
3）辅助教师马上给予宝宝拥抱和称赞。
4）主讲教师马上给予宝宝拥抱和称赞。

图1-47 宝宝欠身让教师抱自己

◎ **小贴士：**

1）教师要在宝宝的日常生活中，经常鼓励宝宝做出这种反应，这样促进宝宝情感的发育。

2）教师不要只关注自己偏爱的宝宝，要与组内所有的宝宝多交流。

2. 见陌生人有反应

★ **活动1：宝宝面对陌生人**

活动目标： 宝宝看见陌生人有反应

活动准备： 铃铛

活动过程：

1）教师与宝宝坐在一起玩儿拍拍手、摇铃铛游戏。
2）这时进来宝宝不熟悉的人，想抱起宝宝时，有的宝宝会躲避或者哭起来。
3）年龄小的宝宝看见陌生人害怕是正常反应。有些大一点的宝宝也不愿与其他人交往，教师要多引导宝宝。

◎ **小贴士：**

1）福利院里面有些宝宝会害怕陌生人，教师要注意引导宝宝，安慰宝宝不要害怕。例如有的宝宝看见维修人员、来参观的陌生人、来院的实习人员，会很惊慌。
2）教师要带宝宝到陌生的环境里，宝宝也会感到害怕，有时也会大哭起来。教师要了解宝宝为什么哭闹。
3）扩大婴幼儿的活动范围，带领他们参加大孩子的集体活动。

3. 见到熟人和陌生人有不同表现

★ **活动1：找教师**

图1-48 一位教师抱着宝宝，另外一位和宝宝比较熟悉的教师站于宝宝跟前，宝宝伸开双臂转向这位教师，要求其抱

活动目标： 能够主动对熟悉的人表示亲近

活动准备： 选择两个教师，其中需要一个宝宝对其比较陌生的教师

活动过程：

1）教师抱着宝宝，让两个教师出现在宝宝的视线里。

2）教师对宝宝说："宝宝，王老师在哪儿？"

3）两位教师同时向宝宝伸开双臂，观察宝宝的反应。

4）宝宝有主动找教师的表现时，教师要对宝宝说："宝宝真棒，王老师找到了。"如果宝宝在看到教师时没有做出反应，教师要用手指着王老师说"王老师在这儿呢"，进一步加强宝宝的记忆。

★ **活动 2：逐渐熟悉陌生人**

活动目标： 宝宝在熟悉教师陪伴下与陌生人接触一段时间后会消除紧张

活动准备： 选择两个教师，其中需要一个宝宝对其比较陌生的教师

活动过程：

1）教师与宝宝一起愉快地玩耍。

2）教师抱起宝宝，让其接近陌生教师。

3）陌生教师给宝宝玩具，并逗其玩耍，让其逐渐放松。

4）陌生教师朝宝宝微笑，等宝宝报以微笑才向宝宝伸手做抱抱的姿势。

◎ **小贴士：** 陌生教师抱宝宝的时候，宝宝熟悉的教师一定要在宝宝身边保证宝宝有安全感。

【单元评估】

发展目标	通用标准	完成情况			起始日期	结束日期	备注
		不会	会一点	全会			
对亲近的人欠身想要抱	看见熟悉的教师主动要求抱						
见陌生人有反应	看见陌生人有怕生的表现						
辨别熟人和陌生人	见到熟人和陌生人有不同的表现						

三 言语能力

0~1岁是宝宝言语形成的准备阶段。尽管这个时候宝宝还不会说话,但并不代表他不能学习、不会学习,恰恰相反,他就像一块海绵,无时无刻不在吸收着来自成人和环境的言语刺激,为真正的言语形成做着发音和理解方面的双重准备。

1. 发音练习

★ **活动1：我会发音**

活动目标： 宝宝能够有意识或者无意识地发音

活动准备： 儿歌

活动过程：

1）教师抱着宝宝与其面对面一起玩儿，一起听音乐、唱儿歌。

2）教师将宝宝的手放在自己的嘴上，引导宝宝用手轻拍教师嘴唇，教师发出"wa, wa, wa"的声音；也可以将自己的手放在宝宝嘴上，鼓励宝宝模仿教师发"wa, wa, wa"的声音。

3）引导宝宝摸教师的脸，教师发"baba"、"mama"音，吸引宝宝注视教师的脸，并鼓励宝宝模仿教师发"baba"、"mama"音。

4）要求宝宝从会发"baba"、"mama"等逐渐发有更多音节的音。

◎ **小贴士：**

1）在宝宝的日常生活中，教师要经常让宝宝听儿歌。

2）宝宝高兴时会发"咿"、"呀"、"啊"等声音，好像在讲话。这时教师要多鼓励宝宝发音。

★ **活动2：我会发音**

活动目标： 宝宝能够有意识或者无意识地发音

活动过程：

1）让宝宝多看看周围环境，和蔼微笑着和宝宝说话，并告诉他周围他所注意到的东西的名称。

2）教师模仿宝宝发出的声音，引逗宝宝发出"哦哦"、"嗯嗯"声。

3）鼓励宝宝积极发音，对成人微笑，可促进宝宝喜悦情绪的产生，激励宝宝与人交往。

2. 主动发音

★ **活动1：小鸭子，嘎嘎嘎叫**

活动目标： 宝宝能够重复教师说的单音

活动准备： 小鸭子玩具

活动过程：

1）教师与宝宝坐在垫子上，前面放小鸭子玩具。

2）教师拿着小鸭子玩具给宝宝看，学小鸭子的叫声"嘎嘎嘎"。

3）教师把小鸭子给宝宝，鼓励宝宝学小鸭子"嘎嘎嘎"地叫。

4）教师可以经常教宝宝学小动物的叫声，以及小汽车、小火车的声音，提高宝宝对发音的兴趣。

图1-49 教师与宝宝坐在垫子上，拿着小鸭子教宝宝发音

◎ 小贴士：

1）教师要经常与宝宝说话，及时鼓励宝宝发音，同时要教宝宝认识小动物及玩具的名称，提高其认知能力。

2）在宝宝这个阶段，教师要经常鼓励宝宝发音，及时了解宝宝在发音方面的水平，以便及时建议语言治疗师采取相应的措施。

【单元评估】

发展目标	通过标准	完成情况			起始日期	结束日期	备注
		不会	会一点	全会			
音节	会发"咿"、"呀"						
	会发"ba"、"ma"						
	会发"ga ga"						

三 言语能力

67

四 社会技能

　　0~1岁是宝宝人格发展最重要的时期，此时的宝宝需要经常被抱着、被抚爱、听温柔的声音等，这些活动都能够使宝宝建立对教师的信任感。本单元从注视他人面部、微笑、与人有眼神的接触、会亲吻亲近的人等训练点展开，期望通过各种活动、游戏，提升宝宝的社会技能。

（一）情绪和社交能力

　　0~1岁的宝宝处于基本情绪的塑造期，会通过较单一的情绪表达自己的需要。本单元从注视他人面部、照镜子、藏猫猫、挥手再见等训练点展开，期望通过各种活动、游戏提升宝宝的社会技能。

1. 注视他人面部

★ **活动1：抚摸教师的脸**

活动目标：
1）宝宝能够注视教师的脸
2）宝宝能感受愉悦的情绪

活动准备： 舒适安静的环境

活动过程：
1）宝宝舒适地仰卧。
2）教师俯身面对宝宝，朝他微笑，对他说话。
3）拉着宝宝的手抚摸教师的脸、耳朵，并告诉他："这是老师的脸，这是老师的耳朵。"
4）同时发出类似"咩咩"的声音逗宝宝高兴，引导宝宝对教师的脸感兴趣并注意教师的脸。如果宝宝看着教师的脸没有笑或者不发出声音，教师亲亲宝宝或者表扬他，直到宝宝对教师的哄逗有反应。

★ **活动2：我是好宝宝**

活动目标：
1）宝宝能够注视教师的脸
2）宝宝感受愉悦的情绪

活动准备： 舒适安静的环境，录音机，儿歌

活动过程：
1）教师抱宝宝坐在自己腿上，与宝宝面对面，并亲切地看着宝宝的脸。
2）教师用有趣的声音，唱儿歌《我是好宝宝》，吸引宝宝看着自己的脸。

我是好宝宝

我是好宝宝，上课小手放得好。

小脚并并拢，小眼睛看教师，

小耳朵听好话，说话先举手，才是好宝宝。

我是好宝宝，上课小手放得好。

小脚并并拢，小眼睛看教师，

小耳朵听好话，说话先举手，才是好宝宝。

3）教师播放儿歌，并用生动、有趣的声音跟着一起唱，吸引宝宝看着自己的脸。

图 1-50　教师抱着宝宝坐在垫子上，面对面相互注视

◎ **小贴士**：教师教授这个内容时，要注意在平时的日常生活中也要有意识地叫宝宝的名字、亲宝宝的脸，吸引宝宝学会注视自己的脸。

2. 微笑

★ **活动 1：认识自己**

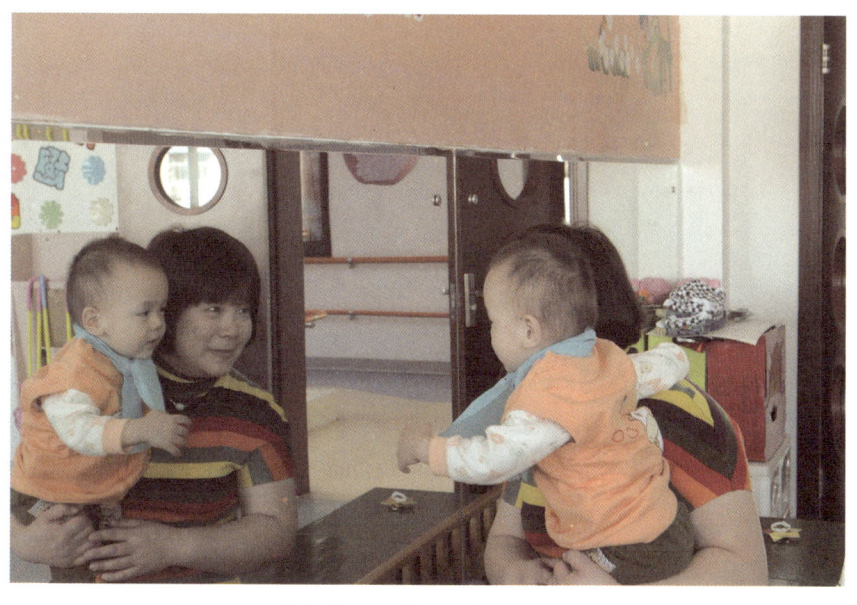

图 1-51　教师给宝宝戴上颜色鲜艳围巾后照镜子

四　社会技能

71

活动目标： 宝宝认识自己

活动准备： 镜子，颜色鲜艳的帽子或围巾

活动过程：

1) 教师抱着宝宝照镜子，边看边用温柔的话语告诉他，"这是宝宝"，"这是老师"。
2) 给宝宝戴上颜色鲜艳的帽子或围巾后照镜子，同时告诉他，"这是宝宝"，"这是老师"。
3) 每天抱宝宝照镜子 2~3 次。

★ **活动 2：** 教师抱着宝宝照镜子："看我多漂亮！"

活动目标： 宝宝能够对人微笑

活动准备： 镜子

活动过程：

1) 教师抱着宝宝在镜子前照镜子，让宝宝看镜子里的自己。"看看镜子里的宝宝多好看呀！"
2) 教师用夸张的表情、语言逗宝宝微笑。当宝宝出现微笑时，教师立刻回馈微笑。
3) 教师手指宝宝的鼻子、眼睛、嘴巴，哄逗宝宝，并对宝宝说"笑一个"。
4) 宝宝与教师一起高兴地笑起来。

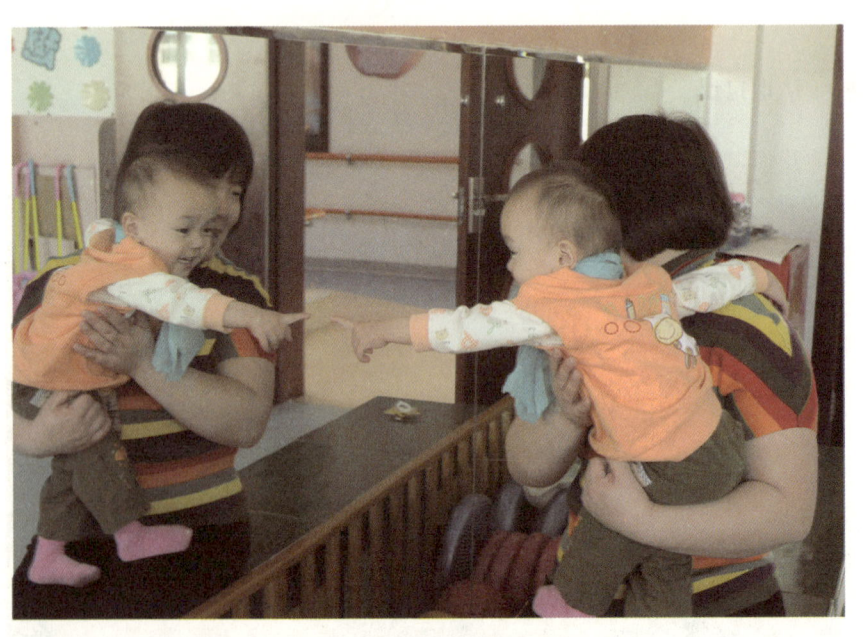

图 1-52 教师抱着宝宝照镜子

◎ **小贴士：** 如果宝宝的头部控制力较差，教师要用手托着宝宝的头部，防止其头部后仰。

3. 与成人做眼神接触

★ **活动1：碰碰小鼻子**

活动目标：宝宝能够与教师有眼神接触

活动准备：垫子

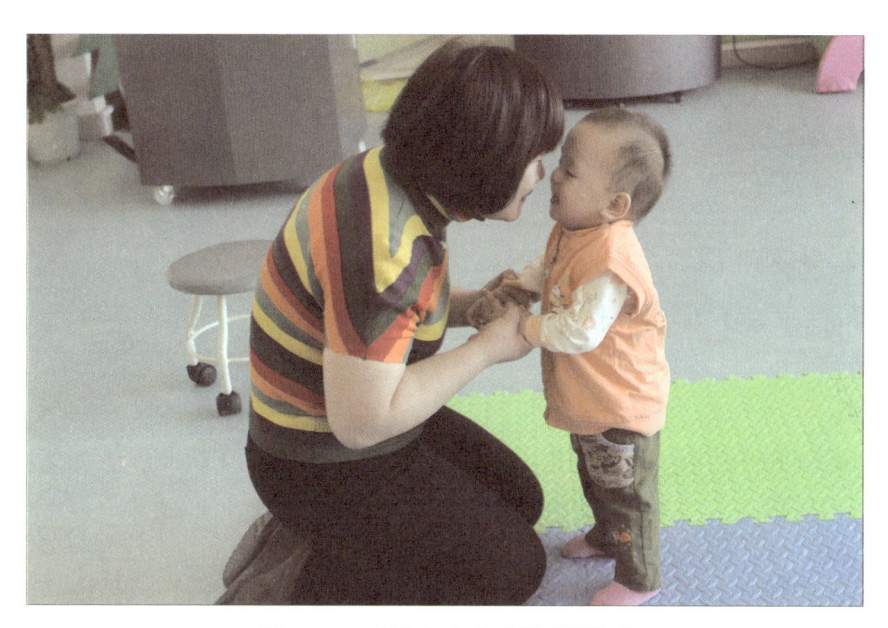

图 1-53.1　教师与宝宝碰鼻子的游戏

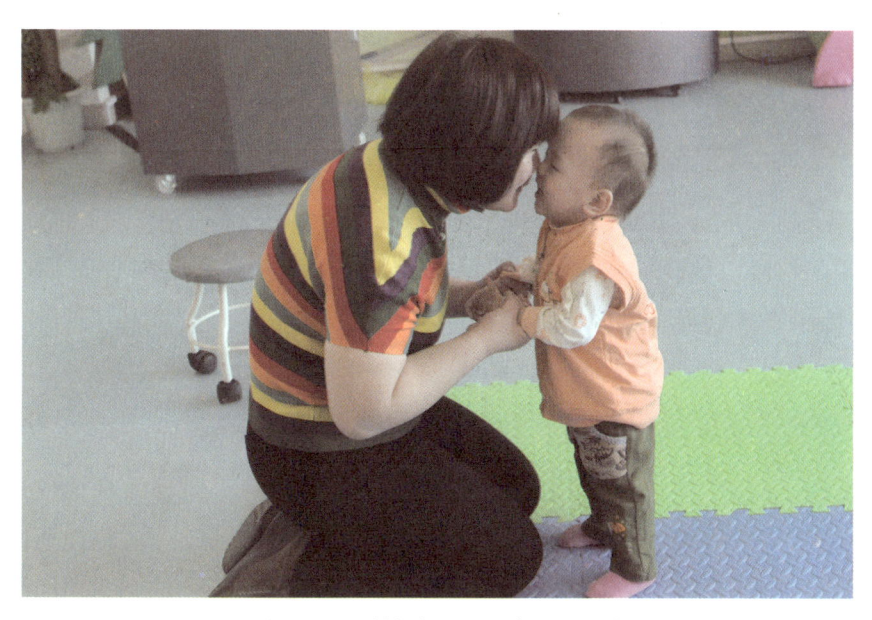

图 1-53.2　教师与宝宝碰鼻子的游戏

四、社会技能

活动过程：

1）教师坐或跪在垫子上，将宝宝抱在跟前。
2）教师用有趣的声音说："宝宝的鼻子在哪里？""宝宝的鼻子在这里。""来，碰碰小鼻子。"提示宝宝看着教师的脸。
3）教师边做游戏边看着宝宝的眼睛，并鼓励宝宝也看着教师的眼睛。

◎ **小贴士：**

1）如果宝宝的头部控制力较差，教师要用手托着宝宝的头部，防止其头部后仰。
2）教师要鼓励宝宝与他人有眼神的接触，有些患自闭症的宝宝缺乏这种交流，教师要及时观察，及早发现，进行早期干预。

★ **活动2：碰碰脑门儿**

活动目标： 宝宝能够与教师有眼神接触

活动准备： 垫子

活动过程：

1）宝宝仰卧在垫子上，教师提示宝宝看自己并说"我们来玩儿顶牛"，然后用额头轻轻顶着宝宝的额头。
2）教师轻轻扭动脑袋，引导宝宝顶过来。
3）坚持几秒钟后，教师将头移开，配合抚触以逗引宝宝的情绪。

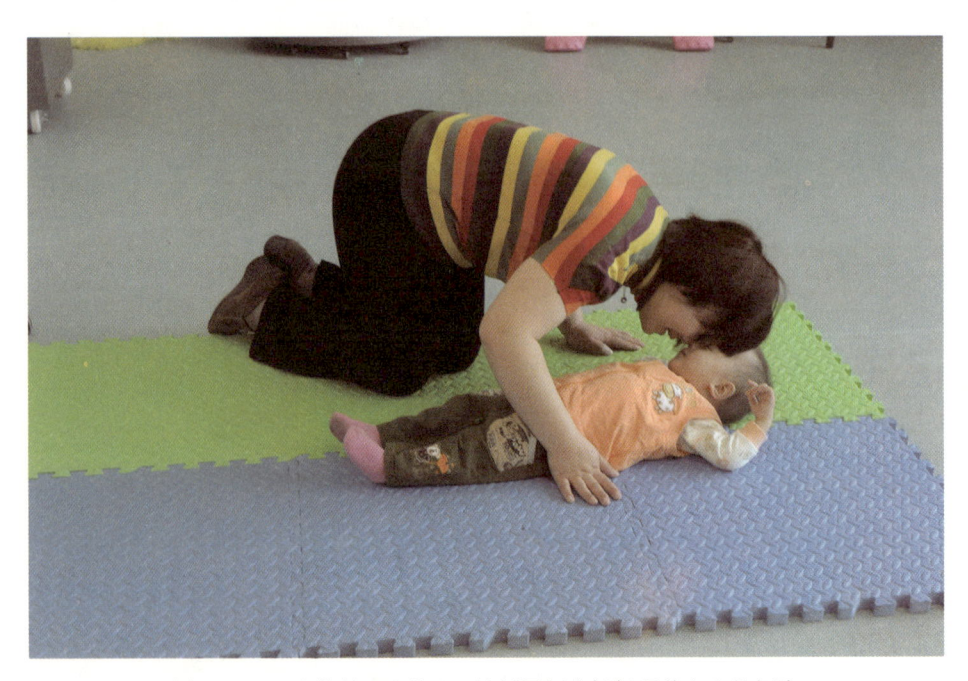

图1-54　宝宝仰躺于坐垫上，教师用额头轻轻顶着宝宝的额头

◎ 小贴士：
1）这可以让宝宝的听觉、触觉、运动协调能力和注意力都得到锻炼，还可以增进感情，促进情感完善。
2）游戏过程中提示宝宝注意看教师。

4. 表情分化

★ **活动1：我不要别人抱**

活动目标：宝宝能够认识亲近的人

活动准备：镜子

活动过程：
1）教师抱着宝宝站在镜子边照镜子。
2）教师用夸张的表情、语言逗宝宝。
3）教师手指宝宝的鼻子、眼睛、嘴巴，逗宝宝，宝宝与教师都非常开心。
4）这时一名陌生的教师走过来，伸手要抱宝宝，宝宝会转过身拒绝。

◎ 小贴士：
1）有时宝宝胆子小，在新的环境里，没有安全感，接触陌生人时就会哭闹起来。
2）福利院里，由于男教师少，宝宝看见男性参观者或志愿者会因害怕而哭闹。

★ **活动2：举高游戏**

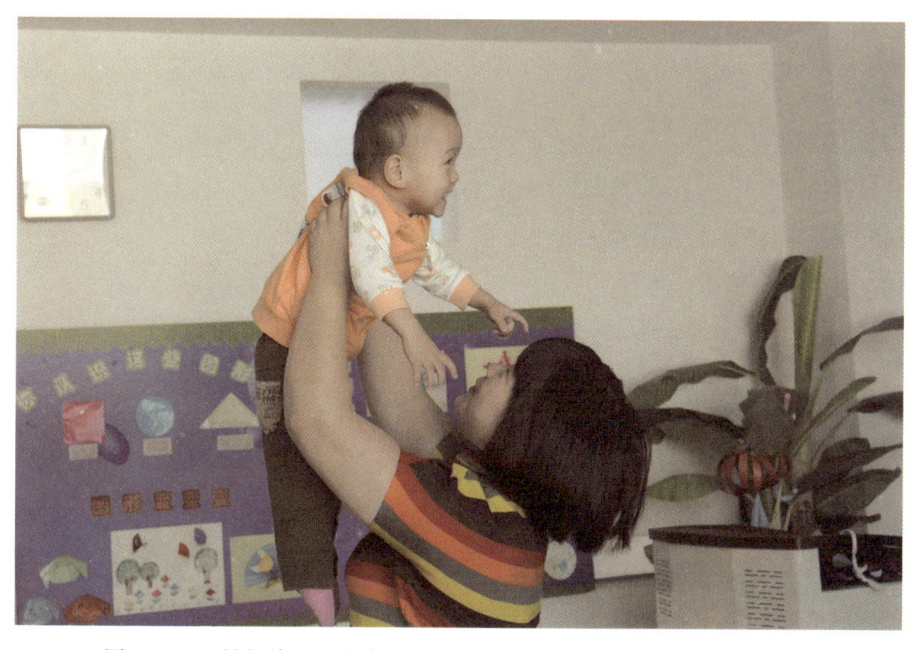

图 1-55.1　教师将宝宝举高，同时用愉快的声音跟宝宝说："举高喽！"

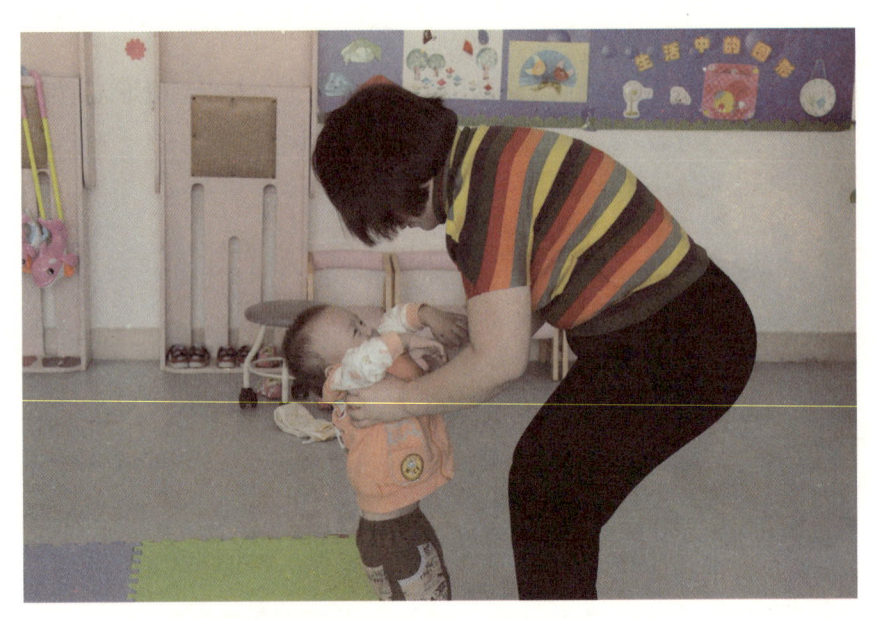

图 1-55.2　教师将宝宝放低，并同时说："下来喽！"

活动目标：宝宝在与教师玩儿时能够在不同阶段有不同的表情

活动过程：

1）教师将宝宝举高，同时用愉快的声音跟宝宝说："举高喽！"

2）教师将宝宝放低，并同时说："下来喽！"

3）每天训练 2~3 次。一段时间以后，当教师喊"举高"或"下来"的时候，宝宝就会做出相应的身体准备与面部表情。

5. 藏猫猫

★ **活动1：藏猫猫**

活动目标：宝宝能够扯下盖在脸上的小毛巾

活动准备：小毛巾，垫子

活动过程：

1）宝宝躺在垫子上，教师与其玩耍。

2）教师可以拿一条不透明的小毛巾盖在自己的脸上："哇，老师在哪里呢？"让宝宝扯下小毛巾后说："哇，老师在这呢！"

3）教师将小毛巾盖在宝宝的脸上，注意不要将宝宝的脸全部盖住，盖的时间不要太长。

4）然后教师问宝宝，"咦：宝宝在哪里？"教师让宝宝自己扯下毛巾，并亲切地对宝宝说："哇，宝宝在这儿呢！"这时宝宝会非常高兴。可多玩儿几次。

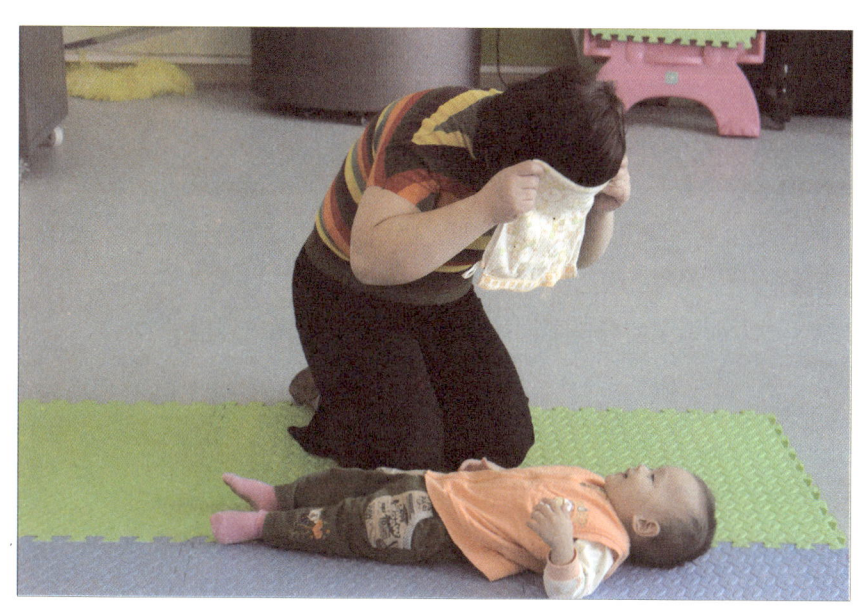

图 1-56.1　教师用毛巾盖住脸，让宝宝猜教师在哪儿

图 1-56.2　宝宝躺在垫子上，教师将毛巾盖在宝宝脸上

◎ 小贴士：

1）对于手部抓握困难的宝宝，教师需要握着宝宝的双手，将毛巾扯下来。

2）可将毛巾换为手帕、丝巾等多种不同质地的物品，给予宝宝不同的触觉感受。

★ **活动 2：藏猫猫**

活动目标：宝宝能够对不同的表情有不同的反应

活动准备：小毛巾，垫子

活动过程：

1）宝宝躺在垫子上，教师与其玩耍。

2）教师将毛巾盖在自己的脸上，跟宝宝温柔地说话："老师哪儿去了？"

3）教师将毛巾突然揭开露出自己的脸，吸引宝宝注意到自己的脸，教师每次呈现不同的表情，如笑、哭、生气等。

4）每天几次，训练宝宝分辨不同的面部表情并能够做出反应。

6.学习挥手、拱手动作

★ **活动1：挥挥手——再见**

活动目标：宝宝能够模仿挥手与人再见

活动过程：

1）与宝宝一起玩儿游戏之后，教师与宝宝一起唱"拜拜歌"，宝宝模仿教师将手举起来。然后教师带着宝宝离开活动室。

2）在宝宝的日常生活中，教师要注意培养宝宝与其他要走开的教师或宝宝挥手，说"拜拜"。

图 1-57 教师与宝宝互相挥手再见

◎ **小贴士**：教师在宝宝的日常生活中，可以经常与宝宝玩儿挥手再见的游戏。鼓励宝宝伸直手臂，学习发音。

★ **活动2：拱拱手——谢谢**

活动目标：宝宝能够模仿拱手表达谢意

活动准备：食品、玩具适量

活动过程：

1）宝宝情绪好时，帮助宝宝将双手握拳对起，然后不断摇动，学做"谢谢"动作。

2）教师边帮助宝宝做动作边配合话语解释"谢谢"。

3）每次先协助宝宝做拱手谢谢的动作，然后再给他食品或玩具。

图 1-58　宝宝坐在垫子上，教师递给宝宝玩具，宝宝将双手对起，然后不断摇动，学做"谢谢"动作

7. 独立玩儿

★ **活动1：宝宝在安全的地方自己玩儿**

活动目标：宝宝能够自己玩儿一会玩具

活动准备：能捏出声音的橡胶玩具，电子琴，毛绒娃娃，小动物玩具

活动过程：

1）教师让宝宝坐在垫子上。

2）教师在宝宝前面放上可以捏出声音的橡胶玩具、电子琴、毛绒娃娃、小动物玩具等宝宝喜爱且安全的玩具。

3）教师让宝宝自己玩儿玩具。

4）宝宝可以自己高高兴兴地玩儿个够。

四　社会技能

图 1-59　宝宝坐在垫子上，在宝宝前面放上三种以上玩具，让宝宝自己玩儿玩具

◎ 小贴士：

1）为了不让宝宝保持一个姿势时间过长，教师可以把发出声音的玩具放到另外的地方，让宝宝变换姿势去拿。"宝宝，布娃娃跑到你的后面去啦，你快把他抱回来吧！"

2）宝宝独自玩耍的时，教师隔一段时间要和宝宝说说话。

★ **活动 2：与小伙伴在一起独立玩耍**

图 1-60　两个宝宝同时坐在垫子上，在宝宝前面放上三种以上玩具，让两个宝宝自己玩儿玩具

活动目标： 宝宝能够自己玩儿一会儿玩具

活动准备： 同样的玩具数个，大垫子

活动过程：

1）将几个宝宝放在同一个大垫子上一起玩儿。

2）在垫子上放一些同样的玩具。

3）训练宝宝各玩儿各的玩具，互相模仿但是又互不争抢。

8. 主动配合

★ 活动1：日常生活习惯训练

活动目标： 宝宝能够主动配合成人

活动过程：

1）吃东西之前，教师拉过宝宝的手，边做动作边说："要吃东西了，洗洗手。"

2）吃过东西之后，教师再拉过宝宝的手，说："饭后要洗手。"

3）边给宝宝擦嘴边说："把嘴巴擦干净。"

◎ 小贴士：

1）当宝宝配合教师做出目标动作时，教师应马上给予其表扬。

2）如此每天训练，时间久了宝宝便会形成主动配合教师的好习惯。

★ 活动2：把玩具交给教师

活动目标： 宝宝能够将玩具交给教师

活动准备： 玩具

活动过程：

1）教师与宝宝面对面坐在垫子上，宝宝玩儿玩具。

2）教师清晰地讲出玩具的名称，并且让宝宝将指定的玩具交给自己。"宝宝，小汽车在哪里呢？请你把小汽车给老师吧！"

3）宝宝寻找指定的玩具，拿起来交给教师，教师马上给予其表扬并允许宝宝玩儿一会儿玩具。

4）如果宝宝搞不清楚是哪一个玩具，教师可以自己将玩具拿起来，并且告诉宝宝玩具的名称。

5）经过不断练习，宝宝会认识很多东西。

6）在认识玩具的过程中，教师也可以鼓励宝宝说出玩具的名称，促进宝宝语言能力的发育。

图 1-61　教师与宝宝坐在垫子上，宝宝将玩具交给教师

◎ **小贴士**：有些宝宝不愿意把自己的玩具交给他人，教师可以与其交换玩具。

9. 表示需要

★ **活动 1：我想要**

活动目标：宝宝能够用点头表示要，用摇头表示不要

活动准备：食物、玩具适量

活动过程：

1）将食物或玩具放在宝宝的面前。

2）将食物或玩具递给宝宝时教他点头表示需要，当宝宝点头后马上给予其物品。

3）将宝宝不喜欢的食物或玩具递给宝宝，并教他摇头表示不需要。

4）当宝宝明显表现出需要食物或玩具时，先让他点头表示同意再给他。

★ **活动 2：我想看电视**

活动目标：宝宝能够用手指指东西来表示自己的需要

活动准备：儿歌

活动过程：

1）当教师与宝宝一起在活动室玩儿玩具时，宝宝看见录音机。如果宝宝想听音乐时，会指录音机，要求教师放音乐听。教师播放宝宝喜欢的动画片或视频，请宝宝观看一段时间。

2）教师可以忽然停止播放宝宝正在观看的动画片或视频。

3）如果宝宝喜欢看动画片，则会指着电视要求教师打开电视给自己看。教师教宝宝用手指电视要求教师打开电视播放动画片。当宝宝有指示的行为出现时，教师马上继续播放动画片或视频。

4）如此反复几次。也可将动画片换成宝宝喜欢的其他物品或活动。

◎ **小贴士**：有时宝宝哭闹，教师也会播放宝宝喜爱的歌曲让宝宝慢慢放松，停止哭闹。

【单元评估】

发展目标	通过标准	完成情况			起始日期	结束日期	备注
		不会	会一点	全会			
注视人脸	能够看着教师的脸						
微笑	能够对人微笑						
与成人做眼神接触	能够与教师有眼神接触						
表情分化	宝宝能够认识亲近的人						
藏猫猫	能够扯下盖在脸上的小毛巾						
模仿挥手再见	能够模仿挥手与人再见						
独立玩儿	能够自己玩儿一会玩具						
给成人玩具	能够将玩具交给教师						
会表示需要	能够用手指东西来表示自己的需要						

四 社会技能

（二）生活自理能力

0~1岁的宝宝生活需要成人的照顾。要满足宝宝食物及卫生等生理需要，同时还要为宝宝提供安全的环境，让宝宝感觉快乐，教师才能与宝宝建立良好的关系。本单元从拿玩具玩儿、自己拿着东西吃、自抱奶瓶喝奶、用杯子喝水等生活自理能力这几个训练点展开。期望通过各种活动、游戏提升宝宝的生活自理能力。

★ **活动1：拿玩具玩儿**

活动目标： 宝宝能够伸手去抓给他的玩具

活动准备： 小铃铛，能捏响的橡胶玩具

活动过程：

1）宝宝坐在教师的腿上，前面放一个小桌，桌上有宝宝喜爱的玩具，如小铃铛。

2）教师将小铃铛放进宝宝的手中，并握住宝宝的手晃动小铃铛。

3）教师减少辅助，引导宝宝主动伸手去拿桌上的小铃铛，并且模仿摇铃动作。

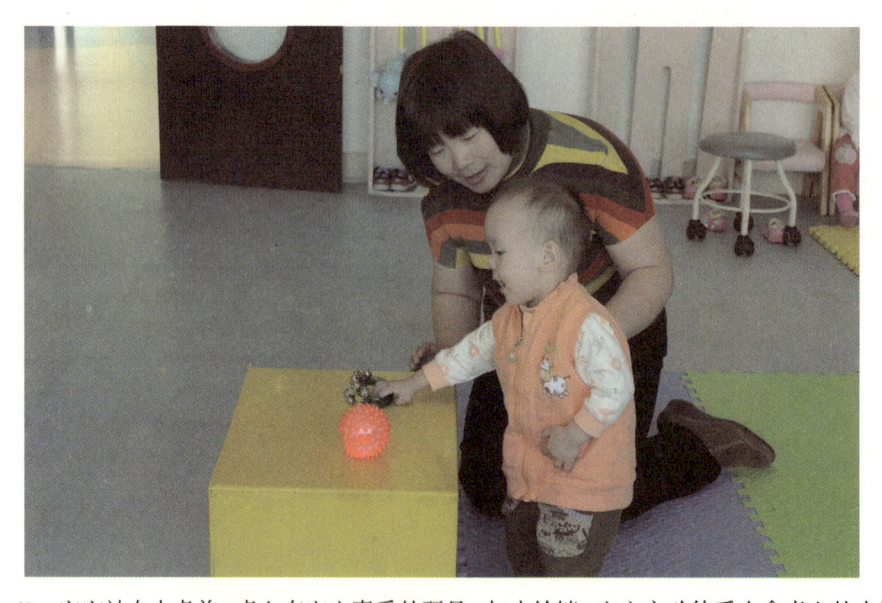

图1-62 宝宝站在小桌前，桌上有宝宝喜爱的玩具，如小铃铛，宝宝主动伸手去拿桌上的小铃铛

★ **活动2：自己拿着东西吃**

活动目标： 宝宝能够自己拿着东西放到嘴里

活动准备： 饼干，磨牙棒

活动过程：

1）宝宝端坐在教师的腿上，教师将宝宝喜爱吃的饼干或磨牙棒拿给他。

2）教师引导宝宝将饼干或磨牙棒抓到手里。

3）教师辅助宝宝将饼干或磨牙棒放进嘴里。

4）将宝宝喜爱的玩具和饼干放在宝宝面前的小桌上，引导宝宝将饼干放到嘴里。

图 1-63　宝宝坐在教师的腿上，前面放有磨牙饼，宝宝主动伸手去拿磨牙饼吃

◎ 小贴士：

1）宝宝经常将手里的玩具放到嘴里吃，教师应该给宝宝环保、没有棱角的玩具以确保安全。

2）教师要选择适宜宝宝的玩具，不要玩儿太小的珠子、扣子，玩具损坏后要及时处理。

★ **活动3：自抱奶瓶喝奶**

活动目标： 宝宝能够自己抱着奶瓶喝奶

活动准备： 奶瓶

活动过程：

1）宝宝端坐在教师的腿上，前面放一个小桌，桌上放有奶瓶。

2）教师拿住奶瓶底部，在与宝宝视线平行的中线位置摇晃奶瓶。吸引或帮助宝宝双手伸向中线位置握住奶瓶。

3）当宝宝双手握住奶瓶一段时间后，教师辅助宝宝将奶嘴放进嘴里喝奶。

图 1-64 宝宝坐在教师的腿上，教师拿着奶瓶的底部，帮宝宝双手握着奶瓶的中间部位，辅助宝宝将奶嘴送进嘴里

◎ 小贴士：

1）如果宝宝学会了坐，最好让宝宝坐着喝奶、喝水。
2）最开始练习时，奶瓶中可少放些奶。

★ **活动 4：用杯子喝水、喝奶**

活动目标：宝宝能够用杯子喝水、喝奶

活动准备：杯子，牛奶，水

活动过程：

1）让宝宝坐在教师的腿上。
2）教师拿着杯子的底部，引导宝宝双手握着杯子的中间部位。
3）引导宝宝将杯子送到嘴边。
4）辅助宝宝慢慢喝杯子里的奶，逐渐让宝宝学习自己用杯子喝奶。
5）将杯子里的奶换成水，按照同样的程序训练宝宝自己用杯子喝水。

◎ 小贴士：

1）长期使用奶嘴会改变宝宝口型，影响其牙齿生长，因此教师应循序渐进地给宝宝使用杯子喝水、喝奶。
2）教师也可以让宝宝用杯子喝宝宝喜爱的果汁、菜汁等，增加宝宝对使用杯子的兴趣。
3）可以视宝宝能力选择双耳杯或普通杯，避免其呛水。

【单元评估】

发展目标	通过标准	完成情况			起始日期	结束日期	备注
		不会	会一点	全会			
伸手去拿给他的东西	能够伸手去抓给他的玩具						
自己拿着东西吃	能够自己拿着小饼干吃						
自抱奶瓶喝奶	能够自己抱着奶瓶喝奶						
用杯子喝水、喝奶	能够用杯子喝水、喝奶						

第二部分

1~2 岁

一　运动技能

（一）粗大运动

1~2岁的宝宝，身体协调能力以及下肢的力量都有所增强。在这个阶段，走路是宝宝最好的游戏。从用脚尖行走数步开始，到跑步、上台阶、学跳、倒着走，宝宝逐渐在体能及技能上有了提高。本单元从由站到坐、下蹲取物、携物走、下楼梯、辅助跳等平衡协调动作，以及独走、扔东西、折向回走、退走、跑等动作技能两个训练点展开。本阶段是宝宝粗大运动发展的关键期，动作能力是反映其生长发展水平的一个重要标志。因此通过各种活动、游戏不仅可以提升宝宝的运动能力，也有利于宝宝大脑的发展。对于发展迟缓的婴幼儿而言，本部分的目的在于纠正其异常的动作姿势，发展其正常的动作姿势，提高其身体的移动能力，形成粗大动作技能，同时还具有补偿其某方面弱势运动能力的作用。

1. 平衡协调动作

(1) 由站到坐

★ **活动1：长颈鹿，站得直**

活动目标：
1) 宝宝能够降低身体重心
2) 宝宝能够逐渐学会变换体位
3) 宝宝站位、坐位时，能够保持身体平衡

活动准备：儿歌，垫子，梯背椅

活动过程：
1) 宝宝坐在儿童椅上，教师为宝宝唱儿歌《我是长颈鹿，我是小花猫》：

> 我是长颈鹿，我要站得直，
> 我是小花猫，我要坐得正。

2) 教师请宝宝双脚稳踩地面，双手抓住梯背椅，慢慢站起。
3) 教师引导宝宝模仿长颈鹿站立，辅助宝宝伸直膝盖，双脚平踩地，挺直腰背，眼睛向前看。保持站立姿势的同时与教师一起唱儿歌。
4) 教师引导宝宝模仿小花猫坐，辅助宝宝慢慢屈腿，将重心降低，坐到垫子上。保持坐姿的同时唱儿歌。

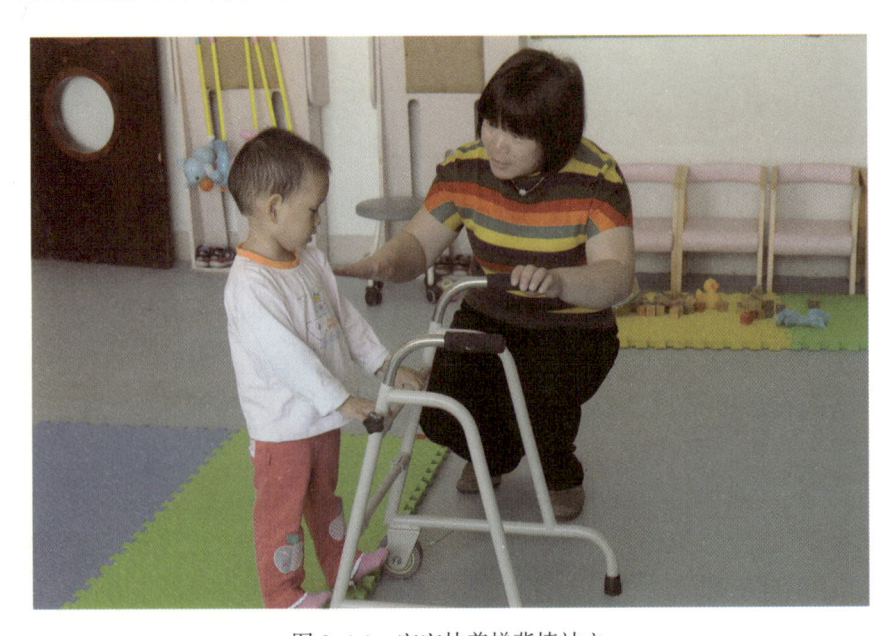

图 2-1.1 宝宝扶着梯背椅站立

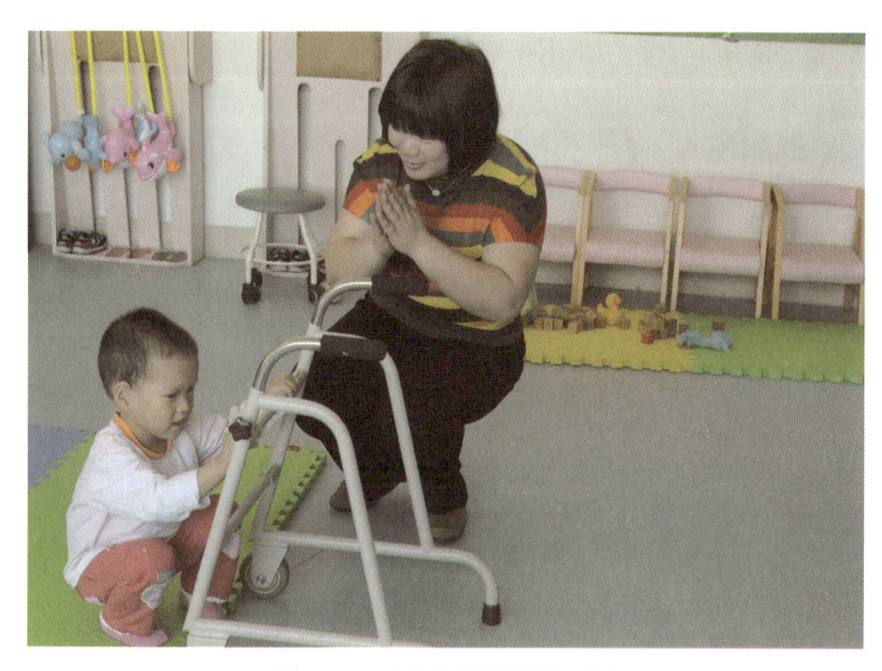

图 2-1.2　宝宝扶着梯背椅往下蹲

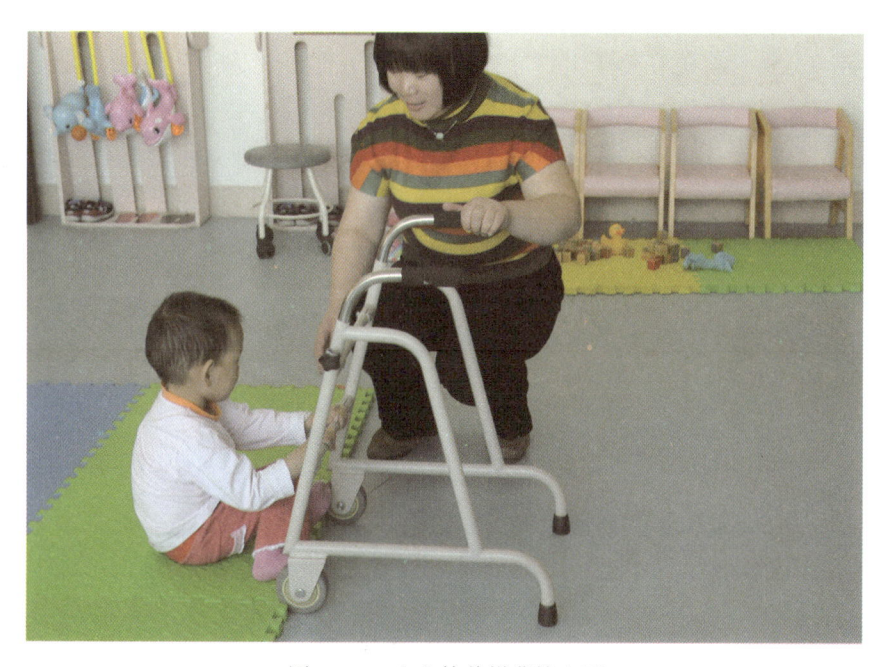

图 2-1.3　宝宝扶着梯背椅坐下

◎ 小贴士：

1）如果宝宝屈腿有困难，教师可以固定宝宝髋部，协助宝宝保持身体平衡。

2）如果宝宝的脚不能平踩在地上，则教师需要给予其协助。

3）教师先观察宝宝的运动能力，对能力较高的宝宝可不提供梯背椅。

★ **活动2：宝宝扶着梯背椅（由站位—跪位—坐位）**

活动目标：

1）宝宝能够降低身体重心
2）宝宝能够逐渐学会变换体位
3）宝宝站位、跪位、坐位时，能够保持身体平衡

活动准备： 梯背椅，垫子，儿歌

活动过程：

1）宝宝扶着梯背椅站直。教师鼓励宝宝伸直膝盖，双脚平踩，挺直腰背，眼睛向前看。

2）站立时教师与宝宝一起唱歌。如果宝宝可以自己扶站，则教师在宝宝前面与宝宝平视；如果宝宝需要协助，教师在宝宝后面扶着宝宝，保持其平衡。

3）宝宝扶着梯背椅跪直，双手慢慢向下移2~3个格，慢慢降低重心，右腿屈曲跪在地上，放平左脚，臀部挺直。然后宝宝将重心移到右腿上，左腿向后伸，臀部挺直，腰背挺直，跪直。

4）教师与宝宝一起唱歌。如果宝宝可以自己扶跪，教师在宝宝前面与宝宝平视；如果宝宝需要协助，教师在宝宝后面扶着宝宝，保持其平衡。

5）宝宝双臂伸直跪在垫子上。宝宝把右手放在垫子上，再把左手放在垫子上，伸直双臂。

6）宝宝在垫子上坐直。宝宝伸直双膝，双手放平在垫子上向后移动臀部，在垫子上坐直。

7）教师根据宝宝的情况让其长坐或盘坐，在地上玩儿玩具。

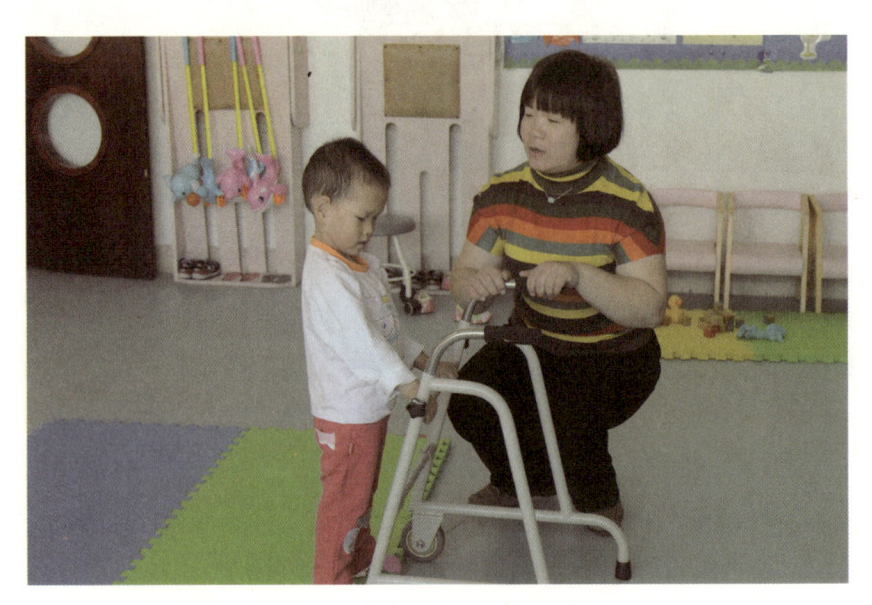

图 2-2.1　宝宝双手抓住梯背椅站立

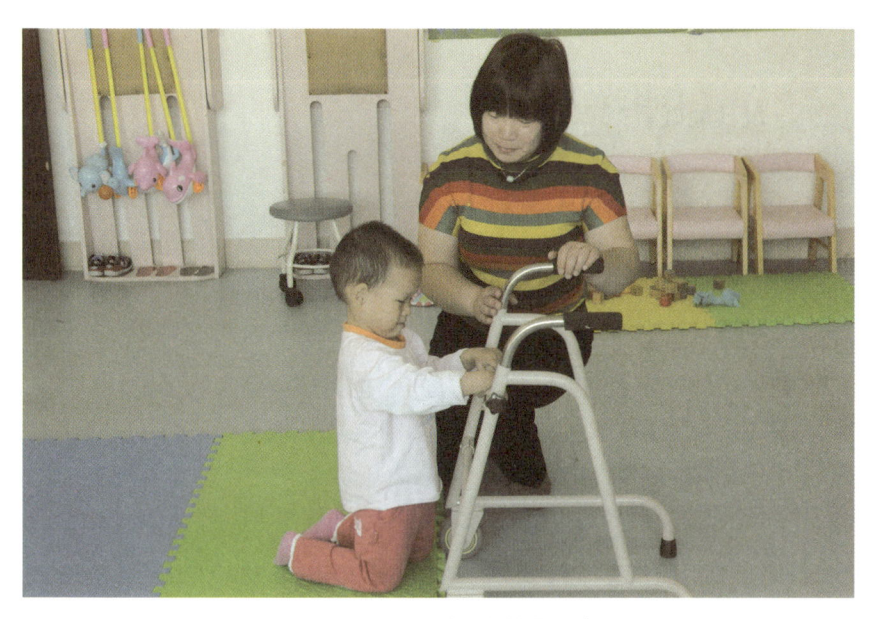

图 2-2.2　宝宝双手抓住梯背椅跪立

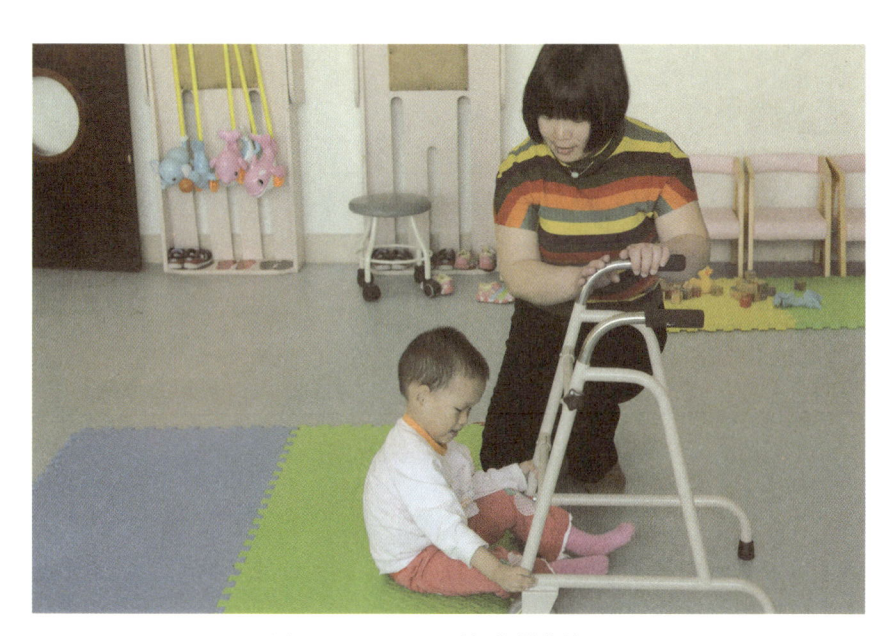

图 2-2.3　宝宝双手抓住梯背椅坐立

◎ **小贴士**：宝宝跪在垫子上时，教师要鼓励宝宝伸直手臂。必要时可以为其系上绑带。

（2）下蹲取物

★ **活动1：哪个玩具最好看？**

活动目标：
  1) 宝宝能够变换体位
  2) 宝宝能够调节身体的重心并保持身体平衡

活动准备： 盒子，玩具

活动过程：
  1) 教师拿一个大约与宝宝腰部等高的盒子，里面放上宝宝喜爱的玩具。
  2) 教师鼓励宝宝弯腰从盒子里将玩具拿出来，放在地上。
  3) 教师与宝宝蹲着玩儿一会儿。
  4) 教师鼓励宝宝把玩具放回到盒子里。

图 2-3　宝宝下蹲挑玩具

◎ **小贴士：**
  1) 如果宝宝下肢力量不足，教师要帮助宝宝下蹲时将重心降低，双腿屈曲成蹲位。必要时教师要扶着宝宝，防止宝宝摔倒。
  2) 宝宝蹲着玩儿时，教师要提示宝宝将双脚平踩在地上。
  3) 如果宝宝蹲不稳，教师可以在宝宝前面放一个梯背椅让宝宝一只手扶着，另一只手玩儿玩具。

★ **活动2：布娃娃，要回家**

活动目标：
  1) 宝宝能够变换体位

2）宝宝能够调节身体的重心并保持身体平衡

活动准备：盒子，布娃娃

活动过程：

1）教师在教室的一角放一个大约与宝宝腰部等高的盒子作为布娃娃的"家"，里面放上宝宝喜爱的布娃娃。
2）教师鼓励宝宝弯腰从盒子里将布娃娃取出来，走到教师所在位置，然后让宝宝把布娃娃放到地上。
3）教师与宝宝蹲着玩儿一会儿。
4）教师鼓励宝宝抱着布娃娃起身，然后把布娃娃放回到盒子里。

图 2-4　宝宝蹲着从盒子里拿出布娃娃

◎ 小贴士：

1）如果宝宝下肢力量不足，教师要帮助宝宝下蹲时将重心降低，双腿屈曲成蹲位。必要时教师要扶着宝宝，防止宝宝摔倒。
2）宝宝蹲着玩儿时，教师要提示宝宝将双脚平踩在地上。
3）如果宝宝蹲不稳，教师可以在宝宝前面放一个梯背椅让宝宝一只手扶着，另一只手玩儿布娃娃。

（3）携物走

★ **活动1：手拿玩具行走**

活动目标：宝宝能够手拿玩具行走，并保持身体平衡

活动准备：盒子，宝宝喜爱的玩具（小汽车、布娃娃、水果模型等）

活动过程：

1）在盒子里放一些宝宝喜爱的玩具，教师与宝宝一起玩。

2）教师鼓励宝宝从盒子中挑一样自己最喜欢的玩具拿在手里。

3）教师要求宝宝拿着手里的玩具，向前行走3米左右，将玩具递给对面的教师。

图 2-5.1　宝宝从盒子里拿到玩具

图 2-5.2　宝宝将玩具拿给教师

◎ 小贴士：

1）如果宝宝蹲下时身体不能保持平衡，教师可以给予其协助。

2）宝宝手拿玩具行走的时候，在对面的教师应该给予鼓励，必要时给予帮助。

3）依照宝宝的能力水平，可先让其从拿小的、轻的物品开始练起。

★ **活动2：提着玩具小桶行走**

活动目标： 宝宝能够提着小桶行走并保持身体平衡

活动准备： 玩具小桶，苹果模型

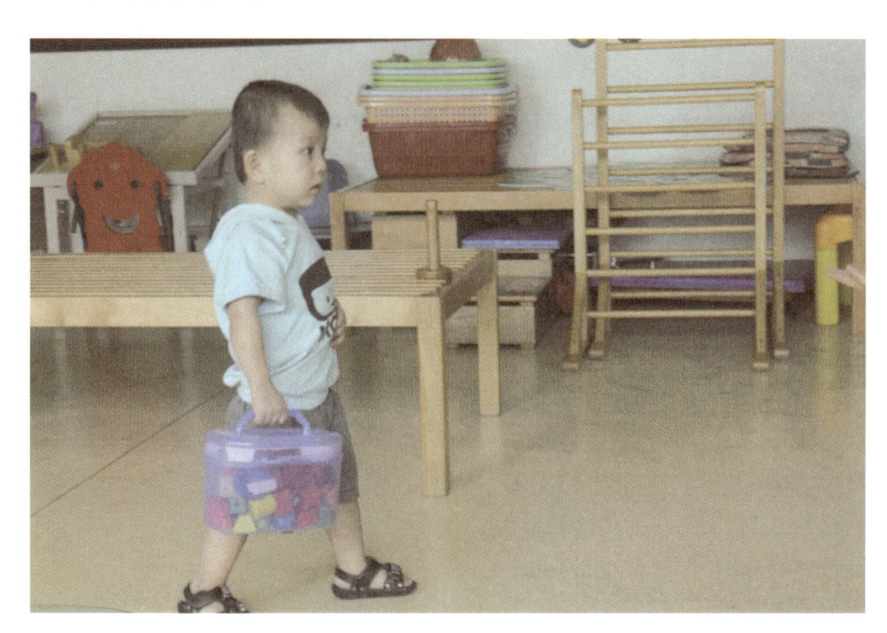

图 2-6.1　宝宝提着小桶行走

图 2-6.2　宝宝将小桶递给教师

活动过程：

1）教师与小朋友一起玩儿"传玩具"的游戏。

2）教师将玩具放到玩具小桶里。

3）教师与宝宝一起提着小桶向前走 3 米左右。

4）教师要求宝宝独立将小桶拿起来，提着小桶再向前行走 3 米左右，将小桶递给对面的教师。

◎ **小贴士：**

1）如果宝宝蹲下时身体不能保持平衡，教师可以给予其协助。

2）宝宝提着小桶的时候，在对面的教师应该给予鼓励，必要时给予帮助。

（4）下楼梯

★ **活动 1：牵着宝宝的手下楼梯**

活动目标： 宝宝能够在教师的辅助下下楼梯

活动准备： 楼梯，玩具小汽车

活动过程：

1）教师将玩具小汽车放在楼梯底端。

2）教师带宝宝往上走 2~3 个台阶。

3）宝宝可以一手扶着楼梯栏杆，一手牵着教师的手下楼去拿玩具。

4）反复多次后，让宝宝只是牵着教师的手练习下楼梯。

5）宝宝每次成功下楼梯后，就可以玩儿一段时间小汽车。

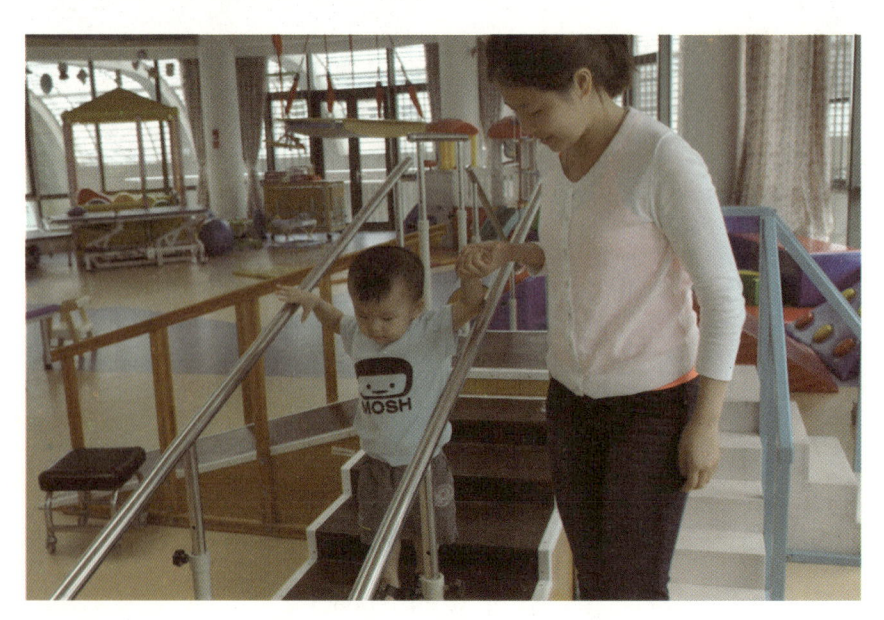

图 2-7 教师牵着宝宝的手下楼梯

◎ 小贴士：
1）对于下肢力量较差的宝宝，可以让宝宝两步迈一个台阶，教师也可以协助。
2）下楼梯时，教师要提示宝宝将脚放平。

★ **活动2：爬楼梯**

活动目标：宝宝能够自己上楼梯

图 2-8.1　宝宝爬楼梯

图 2-8.2　宝宝拿到玩具

活动准备： 楼梯，玩具

活动过程：

1）宝宝手膝位跪在地上玩耍。
2）教师将宝宝喜爱的小玩具放在楼梯上，鼓励宝宝自己爬上楼梯把玩具拿下来。
3）宝宝手膝位爬上楼梯，拿到玩具。
4）宝宝将玩具交到教师手里，然后倒退爬下楼梯。
5）开始时可以爬 2~3 个台阶，逐渐可以爬 4~5 个台阶。

◎ **小贴士：**

1）教师要注意保护宝宝，防止宝宝的头碰到楼梯上或摔下楼梯。
2）教师要始终给予宝宝鼓励，帮助宝宝克服恐惧心理。

（5）辅助跳

★ **活动1：我能跳得高**

活动目标： 宝宝能在辅助下跳起来

活动准备： 小垫子

活动过程：

1）在地上铺一个小垫子，教师让宝宝脱鞋站在垫子上。
2）教师站在宝宝前面，抱住宝宝的腋下或紧握双手。
3）教师辅助宝宝往上跳。
4）如此多次反复。

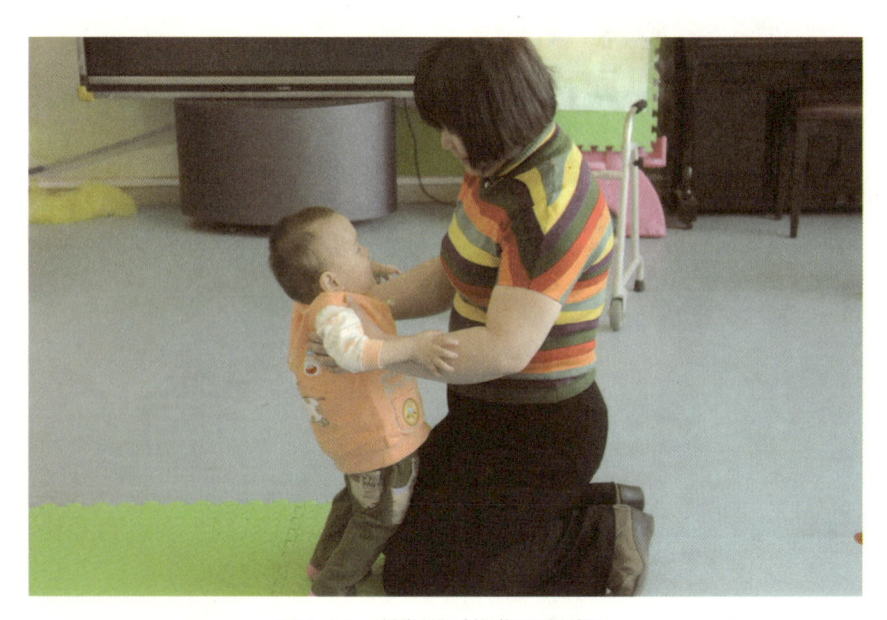

图 2-9.1 教师双手抱住宝宝腋下

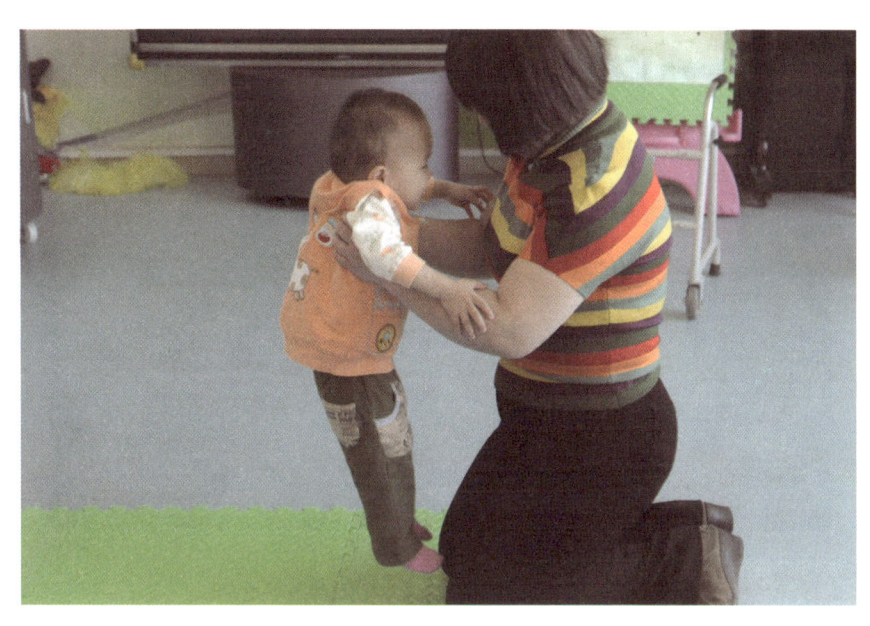

图 2-9.2 教师双手抱住宝宝腋下，辅助宝宝跳起来

◎ 小贴士：

1）在进行这项活动时要播放欢快的儿歌。

2）有些脑瘫宝宝不习惯做这个动作，会全身紧张，教师要根据宝宝的情况循序渐进。

★ **活动2：蹦蹦床，真好玩儿**

活动目标： 宝宝能在辅助下连续跳起来

图 2-10.1 教师抱住宝宝的腋下或双手

图 2-10.2　教师辅助宝宝往上跳

活动准备：蹦蹦床，轻快的儿歌

活动过程：

1）教师与宝宝一起站在蹦蹦床边。
2）教师站在宝宝前面或后面，抱住宝宝的腋下或双手。
3）教师与宝宝一起听儿歌，同时辅助宝宝往上跳。
4）等宝宝熟悉这个动作后，教师可以辅助宝宝连续往上跳。

◎ 小贴士：

1）这个活动也可以在垫子上进行。
2）有些脑瘫宝宝不习惯做这个动作，会全身紧张，教师要根据宝宝的情况循序渐进。

【单元评估】

发展目标	通过标准	完成情况			起始日期	结束日期	备注
		不会	会一点	全会			
从站到坐	能够从站位到坐位						
下蹲取物	能够蹲下将玩具捡起来						
携物走	能够拿着小桶行走，保持身体平衡						
下楼梯	宝宝扶着扶手下楼梯						
辅助跳	宝宝得到辅助能够跳起来						

2. 动作技能

(1) 独走

★ **活动 1：走过来拿铃铛**

活动目标： 宝宝能够独自走路并保持身体平衡

活动准备： 地面平坦、环境干净整洁的房间，小铃铛

活动过程：

1）当宝宝扶物可独立行走后，教师鼓励宝宝独立站立模仿教师原地抬脚走。
2）教师鼓励宝宝模仿教师向前迈步走，提示宝宝转移重心。如果宝宝不能保持平衡，教师给予部分辅助。
3）当宝宝可独走一段距离后，教师站在宝宝对面 2 米左右处，手里拿着小铃铛，鼓励宝宝独自走过来拿小铃铛。
4）经过不断练习后，可以让宝宝尝试在草地、水泥路等路面上行走。

◎ **小贴士：** 针对脑瘫宝宝，可以采取两个教师合作教学的方式。

★ **活动 2：踩彩色的脚印**

图 2-11　宝宝踩在脚印上迈步

活动目标：

1）宝宝能够在走路时保持身体平衡
2）宝宝能够按照规定的路线行走

活动准备： 地面上贴有脚印形彩色图形（总距离 2~3 米，脚印大小与宝宝脚掌大小相似，脚印间距与宝宝步幅相似）

活动过程：

1）教师让宝宝在教室里面练习独自行走一段时间。

2）教师带领宝宝踩着脚印图形向前走。

3）教师站在宝宝前方，鼓励宝宝独自踩着脚印图形向前走。

4）如此重复多次。其间，教师可视具体情形给宝宝适当辅助以保持其身体平衡。

◎ **小贴士：** 对于脚不易平踩的宝宝，教师要充分利用脚印。鼓励宝宝将脚平放在脚印上，并将身体的重心移到平放的脚上，抬起对侧的脚迈步，再平踏，移动重心，一步一步向前走。

（2）扔东西

★ **活动 1：我会扔东西了**

活动目标： 宝宝能够在上肢活动时保持身体协调

活动准备： 玩具

活动过程：

1）教师和宝宝一起玩儿玩具。

2）教师将玩具放进宝宝手里，并抓住宝宝的手教宝宝将玩具扔出去。练习多次。

图 2-12　宝宝向教师扔东西

3）教师让宝宝尝试自己扔玩具，可以向各个方向扔，要着重引导宝宝做扔的动作时学会放手。

4）教师鼓励宝宝多练习几次，直至掌握。

◎ 小贴士：在教授宝宝扔的动作时，一定要手把手慢慢来。

★ **活动2：将小皮球往前扔**

图 2-13.1　宝宝手拿小皮球往前扔

图 2-13.2　教师向宝宝扔小皮球

活动目标：宝宝能够在上肢活动时保持身体协调

活动准备：小皮球

活动过程：

1) 教师示范扔球。
2) 教师将小皮球放进宝宝的手里，并抓住宝宝的手协助宝宝将球扔出去。练习多次。
3) 教师在宝宝对面 2 米左右的位置站好，手里拿着小皮球。
4) 教师口里喊着宝宝的名字并将球轻轻地扔向宝宝。
5) 引导宝宝模仿教师的动作，独自将球扔向教师。

◎ **小贴士：**开始时，宝宝可能将球扔向任一方向。经过一段时间后，宝宝才可能会将球扔得准一些，并保持身体平衡。

（3）折返走

★ **活动1：我能折回走了**

活动目标：宝宝能够在折回行走时转换重心并保持身体平衡

活动准备：动物形状的棒棒糖（宝宝喜欢的食物）

活动过程：

1) 教师站在宝宝背后 1 米处，手里拿着棒棒糖。
2) 教师呼唤宝宝的名字，待宝宝转身后晃动自己手中的棒棒糖，鼓励宝宝。

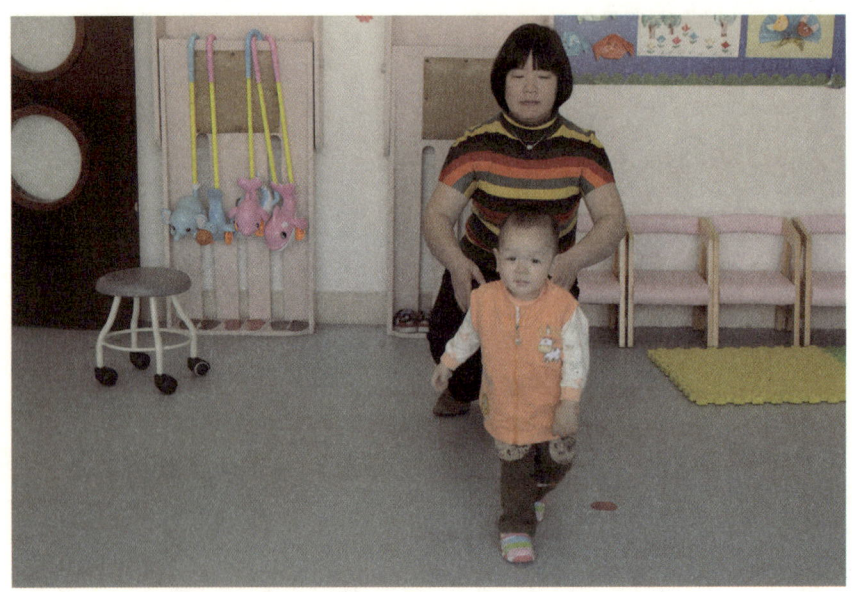

图 2-14.1　宝宝向前走，教师在宝宝身后

图 2-14.2　教师呼唤宝宝名字，宝宝折返向教师走去

3）当宝宝走到教师面前时，教师迅速退到宝宝背后 1 米处，再次呼唤宝宝的名字一边晃动手中棒棒糖，引导宝宝转身走向自己。

4）宝宝每完成这样一个完整环节，教师即时给予其适当的强化。

◎ 小贴士：

1）开始练习时，教师可拉着宝宝的手协助其学习停下来或转弯。

2）对于行走有困难的宝宝，教师为其提供助行器，提示宝宝双脚放平。

★ 活动 2：接力游戏真好玩儿

活动目标： 宝宝能够在折回行走时转换重心并保持身体平衡

活动准备： 动物形状的棒棒糖（宝宝喜欢的食物），两名教师

活动过程：

1）两位宝宝熟悉的教师面对面相隔 3 米左右站好，手里拿着棒棒糖。

2）其中一位教师一边呼唤宝宝的名字一边晃动手中的棒棒糖，鼓励宝宝走向自己，来取棒棒糖。

3）当宝宝走到教师面前时，教师将棒棒糖递给宝宝并让其交给另一位教师，同时另一位教师呼唤宝宝的名字，引导宝宝转身走向自己。

4）宝宝每完成这样一个完整环节，教师即时给予其适当的强化。

一　运动技能

图 2-15　两位教师面对面站着，宝宝走向其中一位手持棒棒糖的教师

◎ 小贴士：

1）开始练习时，宝宝转身时会缓慢一些，不能转 180°，会先转向一侧，再向回转。
2）对于行走有困难的宝宝，教师为其提供助行器，提示宝宝双脚放平。

(4) 退走

★ 活动 1：拉着小汽车倒退走

图 2-16　宝宝拉着车子倒退走

活动目标：宝宝能够在倒着走时转换重心并保持身体平衡

活动准备：小汽车玩具或者其他可以拉着走的玩具（教师可以用绳子系上一个小铃铛），儿歌

活动过程：

1）教师拿出小汽车并做示范：拉着小汽车的绳子，倒退着慢慢走。

2）教师带着宝宝一起拉着小汽车的绳子，倒退着慢慢走。

3）宝宝独自拉着小汽车玩具的绳子，倒退着慢慢走。

◎ 小贴士：

1）距离不要太远，道路要平坦，防止宝宝摔倒。

2）在确认宝宝有向前走的能力后再练习倒退走。

★ **活动2：我们一起来跳舞**

活动目标：宝宝能够在倒着走时转换重心并保持身体平衡。

活动准备：儿歌

活动过程：

1）两位教师示范面对面手拉手轮流倒退走。边走边唱宝宝喜欢的儿歌。

2）一位教师拉着宝宝的手，引导宝宝倒退着慢慢走。

3）在宝宝退着走几步后，教师可以拉着宝宝的手让宝宝往前走，自己则往后退。如此多次反复练习。

4）整个过程中，教师可带领宝宝一起唱儿歌，也可以播放节奏感强的音乐。

图 2-17.1　教师带领宝宝后退走

图 2-17.2　教师带领宝宝后退走

◎ **小贴士**：距离不要太远，道路要平坦，防止宝宝摔倒。

（5）走走跑跑

★ **活动 1：我和大皮球一起玩儿**

图 2-18　宝宝手扶大皮球将其向前滚动

活动目标：

1）宝宝能够在迈步时转换重心并保持身体平衡

2）宝宝能够在跑步时转换重心并保持身体平衡

活动准备： 一个大皮球，大活动室或户外

活动过程：

1）宝宝站在活动室或户外，看教师拿出一个大皮球做示范：双手扶着大皮球，向前滚球玩儿。

2）教师带着宝宝一起玩儿。

3）鼓励宝宝自己双手扶着大皮球向前滚球玩儿。

4）鼓励宝宝向前追球，逐步加快脚步，学习慢慢跑几步。

◎ **小贴士：** 如果宝宝行走有困难，教师可以为其选择适宜的助行器，让其推着追球玩儿。但是要提示宝宝不要跑太快，防止摔倒。

【单元评估】

发展目标	通过标准	完成情况			起始日期	结束日期	备注
		不会	会一点	全会			
独走	能够独立走路						
扔东西	能够举高手臂扔出小球						
折返走	能够转身往回走						
退走	宝宝能够倒着走几步						
走走跑跑	宝宝能够追着球跑几步						

（二）精细动作能力

1~2岁的宝宝对指活动更加灵活，能够捏起小的玩具放到容器里面；双手配合能力也加强了，能够一手握着物件，另一手进行操作；手眼协调能力也得到发展，可以搭2~3块积木。本单元从推动物体、堆少许东西等抓握动作，钳式抓握、捏取小物体等对指对捏取物，以及串东西、盖盒盖儿、打开取物等协调动作三个训练点展开，期望通过各种活动、游戏提升宝宝手部的活动能力。

1. 抓握动作

(1) 推动物体

★ 活动1：小汽车开走了

活动目标： 宝宝能够用手握住玩具汽车并能推动它

活动准备： 玩具小汽车，小垫子

活动过程：

1）宝宝坐在垫子上。

2）教师拿着玩具小汽车，可以让小汽车发出声音以吸引宝宝的注意力，将小汽车向前推动。

3）教师鼓励宝宝模仿这个动作，要求宝宝用一只手握住小汽车，另一只手支撑身体，用力向前推："小汽车开走了。"

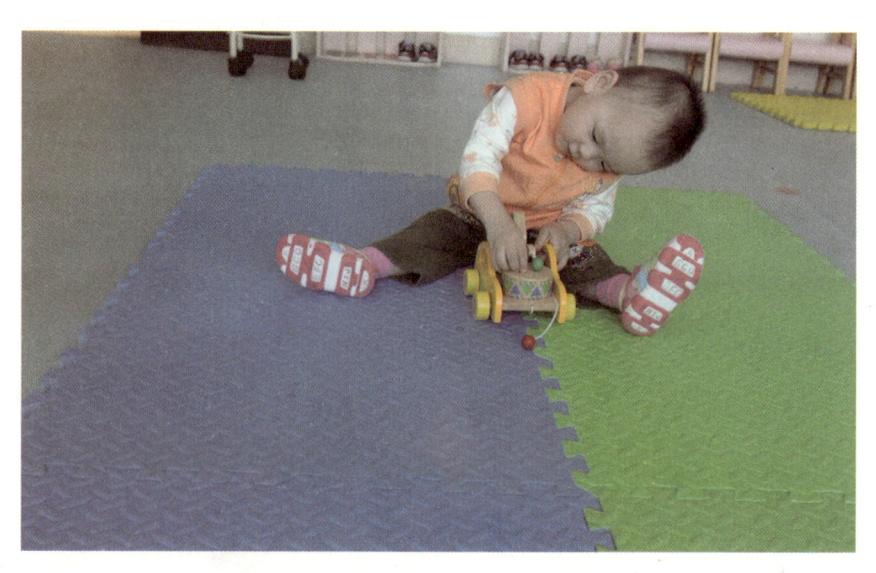

图2-19.1　宝宝坐在垫子上玩儿小汽车

图 2-19.2　宝宝坐在垫子上推小汽车

◎ 小贴士：如果宝宝伸展手臂有困难，教师可以扶着宝宝的肩部、上肢，帮助宝宝完成。

★ **活动 2：我推小球走**

活动目标：宝宝能够用手推动玩具小球向前滚

活动准备：各种颜色的玩具小球，小垫子

图 2-20.1　宝宝用手推动小球向前滚动（1）

一　运动技能

115

图 2-20.2　宝宝用手推动小球向前滚动（2）

活动过程：

1）教师与宝宝一起坐在垫子上。
2）教师把各种颜色的玩具小球放在宝宝面前的垫子上，并示范用手去推动玩具小球。
3）教师鼓励宝宝模仿这个动作，宝宝用手推动小球向前滚动。

◎ **小贴士：** 如果宝宝伸展手臂有困难，教师可以扶着宝宝的肩部、上肢帮助宝宝完成。

（2）堆少许东西

★ 活动1：我会叠玩具

活动目标： 宝宝能够用手将自己喜欢的玩具堆叠到一起
活动准备： 垫子，几样宝宝喜欢的玩具（玩具小汽车、小火车、布娃娃、小球等）
活动过程：

1）宝宝坐在垫子上，教师坐在宝宝身边，让宝宝的身体保持平衡。
2）教师将积木放在垫子上，示范将积木叠在一起。
3）教师要宝宝和教师一起搭积木，教师搭一个，宝宝搭一个。
4）教师鼓励宝宝独立用手将两个玩具搭在一起。
5）开始时宝宝可能没法将玩具叠稳，经过多次练习，要使其明白应该把大的玩具放在小的玩具的下方。
6）教师引导宝宝重复这个活动，并适时给予强化。

图 2-21.1　宝宝独自堆积木（1）

图 2-21.2　宝宝独自堆积木（2）

◎ **小贴士**：在整个过程中，应该放一些节奏舒缓的音乐，同时教师应该适时给予宝宝相应的辅助。

★ **活动 2：搭积木**

活动目标：宝宝能够对指搭 2~3 块积木
活动准备：6 块积木，垫子

活动过程:

1) 宝宝坐在垫子上,教师坐在宝宝身边,让宝宝身体保持平衡。
2) 教师将积木放在垫子上,示范将两块积木叠在一起。
3) 教师鼓励宝宝用前三指将积木拿起来搭在一起。
4) 开始时宝宝只能搭 2~3 块积木,逐渐增加到 5~6 块。
5) 教师鼓励宝宝尽量用双手在中线位置活动。

图 2-22 宝宝独自搭积木

◎ **小贴士:**

1) 如果宝宝不能对指拿积木,教师可以握着宝宝的手拿起积木。
2) 对于保持中线位置有困难的宝宝,教师可以协助宝宝固定身体。

【单元评估】

发展目标	通过标准	完成情况			起始日期	结束日期	备注
		不会	会一点	全会			
推动物体	能够推动玩具汽车						
堆少许东西	能够对指搭 2~3 块积木						

2. 手指对捏取物

(1) 将物体嵌入

★ **活动 1:** 将小木棍放入插孔中

活动目标: 宝宝能够用拇指、食指抓握玩具

图 2-23.1　宝宝坐在垫子上，用手拿起木棍插入木孔中（1）

图 2-23.2　宝宝坐在垫子上，用手拿起木棍插入木孔中（2）

活动准备：带插孔的木板玩具，垫子

活动过程：

1）宝宝坐在垫子上，前面放着带插孔的木板玩具。

2）宝宝保持身体平衡坐稳。

3）教师示范用拇指、食指指尖拿起小木棍，将小木棍插入木板孔中。

4）教师鼓励宝宝用拇指、食指、中指的指尖握住小木棍，放入木孔中。

◎ 小贴士：

1）徐动型的脑瘫宝宝有时会对不准插孔，教师需要协助宝宝稳定腕部，将木棍插入。

2）最初练习时，可选择体积较大且易插入孔的玩具，待宝宝能力提高后增加难度。

★ **活动2：撕纸条**

活动目标： 宝宝能够对指抓握玩具

活动准备： 纸

活动过程：

1）教师与宝宝坐在垫子上。

2）教师示范用拇指、食指指尖捏住纸，将纸撕开。

3）教师辅助宝宝用拇指、食指指尖捏住纸，用力将纸撕开。

4）教师鼓励宝宝独自用拇指、食指指尖捏住纸，用力将纸撕开。

图 2-24　宝宝用拇指、食指捏住纸条撕开

◎ 小贴士：

1）如果宝宝的能力较强，教师可以在纸上画出不同的图案，让宝宝按图形将纸撕下；也可以让宝宝将撕下的碎纸片拼在相对应的图案上面。

2）如宝宝的能力较弱，可以让宝宝将纸放在手掌练习将纸揉成纸团。

（2）取捏小物体

★ **活动1**：用手捏起小馒头

图 2-25.1　宝宝从盘子里捏起小馒头（1）

图 2-25.2　宝宝从盘子里捏起小馒头（2）

活动目标：宝宝能够对指捏起食品

活动准备：小馒头，小盘子

活动过程：

1）宝宝坐在垫子上，保持身体平衡坐稳。

2）教师将小馒头倒入盘子里。

3）教师示范用拇指、食指的指尖捏起小馒头放入嘴里。

4）教师辅助宝宝用拇指、食指的指尖捏起小馒头放到嘴里。左右手都应该训练。

5）当宝宝成功地用拇指、食指捏起小馒头时，应给予表扬，并允许他吃一点儿，以增加其捏取的兴趣。

◎ 小贴士：

1）小馒头不要太大、太硬，防止宝宝呛着。

2）可以用直径约10毫米的小饼干或钙片来代替小馒头。

★ **活动2：用手捏起小豆子**

活动目标： 宝宝能够对指捏起食品

活动准备： 小豆子，小碗

活动过程：

1）宝宝们坐在垫子上，保持身体平衡坐稳。

2）教师将小豆子倒入小碗。

3）教师示范用拇指、食指的指尖捏起小豆子放入嘴里。

4）教师指导宝宝用拇指、食指的指尖捏起小豆子放到嘴里。左右手都应该训练。

5）当一个宝宝成功地用拇指、食指捏起小豆子时，教师应给予表扬，并允许他吃一点，以增加其捏取的兴趣。然后让另一宝宝重复该动作。

图 2-26.1 宝宝们坐在垫子上，从碗里捏起小豆子（1）

图 2-26.2　宝宝们坐在垫子上，从碗里捏起小豆子（2）

◎ 小贴士：

1）宝宝吃小豆子的时候要注意安全，防止宝宝呛着。

2）可以用直径约 5 毫米的其他小食物来代替小豆子。

【单元评估】

发展目标	通过标准	完成情况 不会	完成情况 会一点	完成情况 全会	起始日期	结束日期	备注
将物体嵌入	能够用拇指、食指指尖抓握玩具						
捏取小物体	能够用拇指、食指指尖捏住玩具						

3. 协调动作

（1）穿东西

★ **活动 1：我会穿珠链**

活动目标：宝宝能够双手配合将大的木珠子穿起来

活动准备：一根绳子，数个颜色鲜艳、大小不一的木珠子

活动过程：

1）宝宝坐在或站在垫子上，保持身体平衡。

123

2）教师做示范，一手拿绳子，另一只手拿一个珠子，双手合作将珠子穿到绳子上。

3）教师辅助宝宝一只手拿着绳子，另一只手拿着珠子的边缘，双手合作将珠子穿到绳子上。

4）等宝宝学会后，教师可以教宝宝把已经穿好的珠子一个一个拆下来，然后再继续练习穿珠子。

图 2-27.1　宝宝用绳子穿珠子

图 2-27.2　宝宝把珠子往绳子中间穿

图 2-27.3　宝宝将珠子穿到底

5）开始时，可以只穿 2~3 个木珠子，随着宝宝熟练程度的提高，珠子的数量可以适当增加，珠子的直径也可以逐渐变小。

◎ 小贴士：

1）如果宝宝使用双手有困难，教师可以握住宝宝拿绳子的手不动，协助宝宝将珠子穿到绳子上。
2）在穿珠子的过程中，教师需要提醒宝宝保持身体的平衡，尽量使用双手。

★ **活动 2：铃儿响叮当**

活动目标： 宝宝能够双手配合将铃铛穿起来

活动准备： 一根绳子，数个颜色鲜艳的环形铃铛

活动过程：

1）宝宝坐在或站在垫子上，保持身体平衡。
2）教师做示范，一手拿绳子，另一只手拿一个铃铛，双手合作将铃铛穿到绳子上，然后将绳子打一个结。
3）教师辅助宝宝一只手拿着绳子，另一手拿着铃铛的边缘，双手合作将铃铛穿到绳子上。
4）开始时，可以只穿 2~3 个铃铛，做成一个环，挂在宝宝身上，或者举起来摇一摇，听听铃铛发出的优美声音。随着宝宝熟练程度的提高，铃铛的数量可以适当增加，铃铛的直径也可以适当变小。

一　运动技能

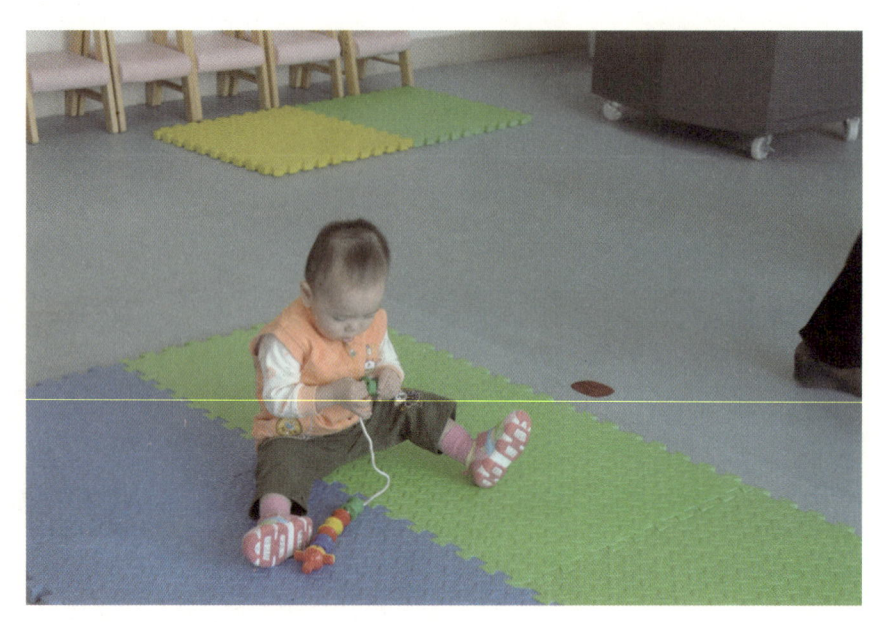

图 2-28　宝宝将铃铛穿在绳子上

◎ 小贴士：

1）如果宝宝使用双手有困难，教师可以让宝宝一手拿着环形铃铛，教师握住宝宝拿绳子的手，协助宝宝将绳子穿过去。

2）在穿铃铛的过程中，教师需要提醒宝宝保持身体的平衡，尽量使用双手。

（2）盖盒盖儿

★ **活动1：将玩具放到盒子里并盖上盒盖儿**

活动目标：

1）宝宝能够用前三指对捏玩具

2）宝宝能够用双手配合活动

3）宝宝能够翻转手腕

活动准备： 盒子，玩具，垫子

活动过程：

1）宝宝坐在垫子上，教师将宝宝喜欢的玩具，如小娃娃、小积木等放在垫子上，让宝宝玩儿。

2）教师鼓励宝宝将玩具收拾到盒子里。

3）教师协助宝宝用前三指握住盒盖儿，转动手腕，将盒盖儿盖上。

4）教师带着宝宝将盒子放到固定的地点。

图 2-29.1　宝宝坐在垫子上,用手盖上盒盖儿

图 2-29.2　宝宝坐在垫子上,将盖子旋上

◎ 小贴士:

1)如果宝宝的对指能力较差,教师可以让宝宝用手掌将盒盖儿盖上。
2)如果宝宝手部肌肉比较紧张,教师可以握住宝宝的手腕,协助宝宝将盒盖儿盖上。
3)教师可以在下一次活动中让宝宝练习将盒盖儿打开。

★ **活动 2：我给瓶子盖"帽子"**

活动目标：
　　1）宝宝能够用双手配合活动
　　2）宝宝能够翻转手腕

活动准备： 垫子，大小不同的空塑料瓶的瓶身和瓶盖儿

图 2-30.1　教师辅导宝宝盖瓶盖儿

图 2-30.2　宝宝独立盖瓶盖儿

活动过程：

1）宝宝坐在垫子上，教师将大小不同的空塑料瓶的瓶身和瓶盖儿放成两堆。

2）教师示范选出一个空塑料瓶的瓶身，并选择配对的瓶盖儿，然后用前三指对捏瓶身，将瓶盖儿盖在瓶身上。

3）教师让宝宝自己选取瓶身和配对的瓶盖儿，然后协助宝宝用前三指握住瓶身，转动手腕，将瓶盖儿盖在瓶身上。

4）如此重复多次，直至宝宝能完成将瓶盖儿盖在瓶身上这个动作。教师应适时给予宝宝奖励。

5）宝宝刚开始可能无法一下子找到配对的瓶盖儿，教师应对其进行适当引导并允许其进行多次尝试。

◎ 小贴士：

1）瓶盖儿的大小要区分明显。

2）如果宝宝的对指能力较差，教师可以让宝宝用整个手抓瓶盖儿。

3）如果宝宝手部肌肉比较紧张，教师可以握住宝宝的手腕，协助宝宝将瓶盖儿盖上。

（3）打开取物

★ 活动1：彩带真好看

活动目标：

1）宝宝能够用手指捏住彩纸

2）宝宝能够双手配合活动

图 2-31　宝宝从面巾盒里拽彩色皱纹纸

一　运动技能

活动准备： 面巾盒，彩色皱纹纸裁成的纸条

活动过程：

1）宝宝坐在垫子上，保持身体平衡。
2）教师坐在旁边，将装有彩色皱纹纸的面巾盒放在宝宝前面，盒外面露出一部分彩纸。
3）教师引导宝宝将盒子拉到自己身边，用手将皱纹纸慢慢拽出来。
4）教师鼓励宝宝对指捏住纸，将其拽出来。
5）宝宝将皱纹纸拽出来后，教师可以带着宝宝将彩带抛起来，模仿小飞机飞起来。
6）教师也可以带着宝宝将彩带在手里揉成纸团，做成彩色乒乓球。

◎ **小贴士：**

1）如果宝宝对指有困难，教师允许宝宝用手握住纸拽出来。
2）如果宝宝手部肌肉比较紧张，教师可以协助宝宝张开手掌揉纸团。

★ **活动 2："魔袋"里面玩具多**

活动目标：

1）宝宝能够用手指捏住"魔袋"边缘
2）宝宝能够从袋子里取出玩具
3）宝宝能够练习双手配合活动
4）宝宝能够做翻转手腕的活动

活动准备： 柔软、漂亮的小布袋，小玩具，垫子

图 2-32.1　宝宝把手伸进布袋拿玩具

图 2-32.2　宝宝伸手从布袋里拿出玩具

活动过程：

1）宝宝坐在垫子上，保持身体平衡，教师坐在宝宝对面。
2）教师拿出"魔袋"晃动，里面发出声音，吸引宝宝的注意力。
3）教师鼓励宝宝伸手接过"魔袋"。
4）教师引导宝宝双手配合将里面的玩具拿出来。
5）宝宝拿出玩具后可以玩儿一会儿。

◎ 小贴士：

1）布袋的口不要太紧，也不要系绳子，让宝宝能够顺利地将手伸进去。
2）对于视力有问题的宝宝，教师可以先让宝宝摸一摸布袋的外形。

【单元评估】

发展目标	通过标准	完成情况			起始日期	结束日期	备注
		不会	会一点	全会			
穿东西	能够双手配合将绳子穿过环形铃铛						
盖盒盖儿	能够用手盖上盒盖儿						
打开取物	能够伸手进入布袋取出玩具						

一　运动技能

二 认知能力

（一）感知觉

宝宝认知能力的发展是遵循一定规律且逐步发展的一个过程。在宝宝 2 岁前的整个阶段，其认知能力的发展主要是感知觉、注意、记忆以及思维能力的发展。这一阶段的主要任务，是促进宝宝感觉与动作的分化、形成动作格式以及发展客体永久性。宝宝感知觉能力发展的关键在于训练其感觉到不舒服能够用声音表示，这一技能对于发展迟缓的婴幼儿尤为关键，能有效避免使自己处于不利环境。本单元主要以情景教学的形式培养宝宝的感知觉能力。

1. 感觉到不舒服时用声音表示

★**活动**：说出来

活动目标：当宝宝感觉到不舒服时能够用声音表示出来

活动准备：两段视频（一个是宝宝尿湿后的表现，另一个是宝宝饥饿时的表现）

活动过程：

1）宝宝舒适地坐下，教师与宝宝一起看视频，并为宝宝讲解视频内容，告诉宝宝如果感觉到尿湿了、饿了等不舒服的感觉要用声音表示出来。

2）教师在生活中观察宝宝有不舒服感觉时是否可以用声音表示出来。

◎ **小贴士**：对于有语言障碍的宝宝，教师要指导其有不舒服的感觉时用动作表示。

【单元评估】

发展目标	通过标准	完成情况			起始日期	结束日期	备注
		不会	会一点	全会			
感觉到不舒服时用声音表示	当有不舒服的情况出现时，能用声音或动作表示出来						

（二）注意力

注意力总是伴随感觉、直觉、记忆、思维、想象同时发生。一个人如果没有良好的注意力，将会直接影响他的感觉、直觉、记忆、思维、想象能力的发展。处于1~2岁这个阶段的宝宝，其注意力的发展主要表现为知道亲近的人在身边、能够按指示找异同等。发展迟缓的婴幼儿很可能在注意力发展上存在缺陷。训练宝宝的注意力是教师的重要责任。本单元主要以情景教学的形式，着重培养宝宝注意力的发展。

1. 知道亲近的人在身边

★ **活动1：教师要走了**

活动目标：能够意识到亲近的人在身边，对亲近的人离开有反应

活动准备：皮球

活动过程：

1）教师与宝宝一起做扔皮球游戏，另外一位教师在旁边观看。
2）教师在与宝宝游戏时突然离开宝宝的身边。
3）另外一位教师在旁观察宝宝对教师的离开是否有反应，有什么样的反应（如不高兴、哭等）。

◎ **小贴士**：宝宝可能表现出一些不高兴、大哭等情绪反应，在旁观察的那位教师应该注意对其进行安抚。

2. 按指示找异同

★ **活动1：按指示辨异同**

活动目标：能够按指示将同样的东西放在一起

活动准备：圆形球，杯子，积木

活动过程：

1）教师给宝宝一个圆形球。
2）教师把另一个圆形球以及杯子、积木放在宝宝面前。
3）教师："小球想和它的好朋友一起玩儿，我们帮帮小球，将两个小球放在一起，好吗？"
4）观察宝宝是否能将两个小球放在一起，如果宝宝做不到就由教师做示范。

图 2-33.1　宝宝观察小球

图 2-33.2　宝宝找另一个小球

◎ **小贴士**：在宝宝摆弄小球的时候要注意安全，以免其发生意外。

★ **活动 2：按指示找不同**

活动目标：能够按指示将不同的东西挑出来

活动准备：积木，小球

活动过程：

1）宝宝坐在垫子上，面前摆放五块积木和一个小球。

2）教师："小朋友，桌上放了几块积木和一个小球，你把小球拿出来给老师，好吗？"

3）当宝宝把小球拿出来后，教师对宝宝说："小朋友真棒！"若宝宝不能将小球拿出来，教师需要给予一定的帮助。

图 2-34　宝宝从积木中挑出小球

【单元评估】

发展目标	通过标准	完成情况			起始日期	结束日期	备注
		不会	会一点	全会			
知道亲近的人在身边	对熟悉的人离开有反应，如不高兴、哭泣等						
按指示找异同	能按指示找出相同的物品，并将不同物品挑出来						

二　认知能力

137

（三）记忆力

1~2岁年龄段的宝宝主要还是以无意记忆、形象记忆为主。随着语言的获得，宝宝可逐渐建立许多词语记忆，并能理解成人的指令。因此，这一阶段一方面要利用宝宝的无意记忆、形象记忆，教他认识、记住一些身边的事物；一方面要给他一些简单的记忆任务，以促进其有意记忆的发展。

1. 对生活中的事件有记忆

★ **活动1：我能记得饼干在哪里**

活动目标： 能到放东西的固定地点去取东西

活动准备： 10个豆豆，盘子，小碗以及在教室的一个固定位置放置一个饼干盒，作为宝宝表现优秀的奖励

活动过程：

1）教师与宝宝一起做拾豆豆的游戏，让宝宝将盘子里的豆豆拾到小碗里面。

2）当宝宝将豆豆全部拾到小碗里面时，教师要对宝宝说："宝宝，真棒，今天你把豆豆全部拾到了小碗里，教师要奖励宝宝两块饼干，我们一起去取吧。"

3）教师让宝宝自己取饼干盒，观察宝宝是否记得。

图2-35　宝宝找到平时放饼干的柜子

◎ **小贴士：** 在进行此活动之前应保证平时饼干盒所放的位置是固定的。

★ **活动2：我能自己找娃娃**

活动目标： 能到放东西的固定地点去取东西

图 2-36.1　宝宝站在柜子前找到布娃娃

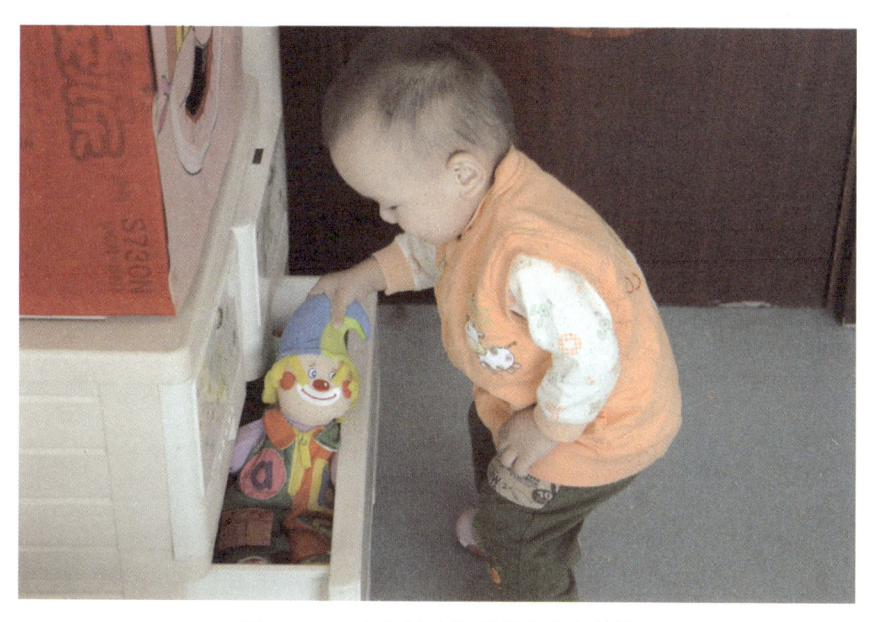

图 2-36.2　宝宝站在柜子前取出布娃娃

活动准备： 布娃娃，录像
活动过程：
1）教师与宝宝一起看一段宝宝平时与布娃娃一起玩耍的录像。

2）当画面中出现布娃娃的画面时，教师就指着屏幕对宝宝说："这是布娃娃"，并引导宝宝说"布娃娃"。
3）教师问宝宝："宝宝，你的布娃娃在哪里呢？我们一起去取吧？"
4）教师把宝宝领到娃娃"家"（放布娃娃的柜子）前，让宝宝自己取布娃娃，观察宝宝是否记得。

◎ 小贴士：
1）在进行此活动之前应保证平时布娃娃所放的位置是固定的。
2）活动中的录像如果不易准备的话，可以用平时宝宝与布娃娃一起玩耍的图片来代替。
3）可以用平时宝宝喜爱的玩具来代替布娃娃。

2. 记住一些玩具

★ **活动1：记玩具**

活动目标： 训练宝宝的视觉记忆能力
活动准备： 几个玩具，三四个宝宝熟悉的玩具的图片，盒子

图 2-37 宝宝从盒子里拿出相对应的玩具

活动过程：
1）当着宝宝的面将一些玩具，如小汽车、小熊猫、乒乓球等，放入盒子中。
2）给宝宝呈现其中一种玩具的图片，要求宝宝说出它是什么，将图片收起来并请

宝宝从盒子中找出这个玩具，看其是否拿对了，如果对了，就给予一定的奖励。

3）给宝宝呈现第二种玩具的图片，也要求宝宝说出它是什么，再次将图片收起并请宝宝从盒子中找出这个玩具。

4）如此依次呈现剩下的玩具图片。

5）为增加难度，可以适当增加盒子里玩具的数量。

◎ **小贴士**：刚开始宝宝可能不懂教师的要求，教师可以先做一个示范。

★ **活动2：摸玩具**

活动目标：训练宝宝的感觉记忆能力

活动准备：三四样宝宝熟悉的玩具，大盒子或口袋

活动过程：

1）当着宝宝的面将三四样他熟悉的玩具，如小汽车、小熊猫、乒乓球等，放入大盒子或口袋中。

2）让宝宝把手伸进去，摸抓一个，并说出它是什么，再拿出来，看宝宝是否说对了，如果说对了，就给予一定的奖励。

3）反复多次进行。

4）为了增加难度，教师可以事先要求宝宝摸出一个什么玩具，看他能否按要求将玩具摸对。

图 2-38　宝宝按要求摸出玩具

◎ **小贴士**：口袋里玩具的数量、大小都可以依据教学实际而变化。

二　认知能力

141

3. 听口令，拿物品

★ **活动1：听口令，拿玩具**

活动目标： 训练宝宝对语言的记忆能力

活动准备： 宝宝熟悉的玩具，盒子

活动过程：

1）当着宝宝的面将其熟悉的玩具放到盒子里。

2）教师对宝宝说："把XX拿给老师。"当宝宝拿对了并递给教师时，教师要给予表扬。

3）然后再说："把YY拿给老师。"如此练习几次。

4）当宝宝会按口令拿对一个物品后，可以试着按口令让其一次拿两个物品。如"把小皮球拿给张老师，把乒乓球拿给李老师"。

图2-39 宝宝将一个小铃铛递给教师

◎ **小贴士：** 进行活动时要注意循序渐进。

★ **活动2：听口令，拿水果**

活动目标： 训练宝宝对语言的记忆能力

活动准备： 宝宝喜爱的水果，果盘

活动过程：

1）当着宝宝的面将其喜爱的水果放到果盘里，如苹果、橘子、香蕉、葡萄、枣等。

2）教师对宝宝说："把苹果拿给老师"，当他拿对了并递给教师时，教师应给予适当鼓励。

3）然后再说："把香蕉拿给老师。"如此练习多次。

4）当宝宝会按口令拿对一个物品后，可以试着让其按口令一次拿两个物品。如"把苹果和橘子拿给张老师"或"把苹果拿给张老师，把橘子拿给李老师"。

图 2-40 宝宝将一个苹果递给教师

◎ 小贴士：可以用宝宝喜爱的其他食物来代替水果。

【单元评估】

发展目标	通过标准	完成情况			起始日期	结束日期	备注
		不会	会一点	全会			
对生活中的事件有记忆	能到放东西的固定地点去取东西						
能记住一些玩具	宝宝能够记住三四个其熟悉的玩具						
听口令拿东西	宝宝能够按照教师的指令取玩具						

二 认知能力

三 语言能力

　　1~1.5岁的普通宝宝常用同一个词代表许多不同意思，以词代句，具有高度的情境性，词义的精确性还较低。此阶段宝宝开始出现齿音，自发的无意义发音急剧减少，模仿发音逐渐增多。1岁半左右已经能用简单的词汇跟动作表达自己的意愿了。1岁半到2岁期间，宝宝开始使用名词加动词的简单句与成人沟通，并出现"我"、"你"倒置的现象，接近2周岁的时候，宝宝开始正确使用"我"、"你"了。由于儿童福利院在养护方面的各种客观原因，可能导致宝宝早期语言刺激量的不足。因此，在1~2岁这个阶段，为了促进发展迟缓宝宝语言能力的发展，应给予宝宝尽可能多的语言刺激。本单元从声音模仿、字的理解、词语理解、句子理解和篇章理解五个训练点展开，期望通过各种活动、游戏提升宝宝的语言理解能力。

1. 声音的模仿与表达

★ **活动1：模仿动物的叫声**

活动目标： 能准确地模仿动物的叫声

活动准备： 动物图片或动物模型

图 2-41　宝宝模仿动物叫

活动过程：

1）教师出示动物图片或动物模型，请宝宝们看。

2）教师告诉宝宝们动物的名称并模仿它们的叫声，再请宝宝模仿，如猫——喵喵喵，狗——汪汪汪，羊——咩咩咩，鸡——叽叽叽，鸭——嘎嘎嘎。

3）对模仿声音准确的宝宝及时给予表扬。

◎ **小贴士：** 对聋哑宝宝应结合手语进行教学。

★ **活动2：分辨玩具**

活动目标： 能按要求指出玩具

活动准备： 小鸡、小鸭玩具

活动过程：

1）教师出示小鸡玩具，请宝宝观察。

2）教宝宝认识小鸡：尖嘴，短翅膀，脚趾叉开，黄色的毛。

3）教师教宝宝模仿小鸡的叫声："叽叽叽。"

4）教师出示小鸭玩具，请宝宝观察。

5）教宝宝认识小鸭：扁嘴巴，两只脚掌，黄色的毛。

6）教师教宝宝模仿小鸭的叫声："嘎嘎嘎。"

7）教师请宝宝们反复练习，待宝宝们掌握后，随意抽出小鸡或小鸭，教师模仿叫声，请宝宝们分辨，对分辨正确的宝宝及时给予表扬。

◎ 小贴士：由于宝宝年龄较小，活动可分两次进行。对聋哑宝宝应结合手语进行教学。

【声音的评估】

发展目标	通过标准	完成情况			起始日期	结束日期	备注
		不会	会一点	全会			
模仿叫声	猫、狗、羊、鸡、鸭						
分辨叫声	鸡、鸭						

2. 字的理解与表达

★ **活动1：学儿歌，说尾字**

活动目标： 能说出一首儿歌每一句的尾字

活动准备： 相关图片

活动过程：

1）教师示范、讲解。

2）教师对着宝宝念儿歌，鼓励他们说出尾字。如：

> 世上只有妈妈好（尾字：好），
> 有妈的孩子像块宝（尾字：宝），
> 投进妈妈的怀抱（尾字：抱），
> 幸福享不了（尾字：了）。

3）对说得好的宝宝及时给予表扬或奖励。

◎ 小贴士：对聋哑宝宝应结合手语进行教学。

★ **活动2：你问我答**

活动目标： 会说3~5个字

活动准备： 常玩儿的玩具

活动过程：

1）教师拿出宝宝常玩儿的玩具，问他："这是什么？"请宝宝回答。

2）在宝宝活动时问他："你在干什么呢？"宝宝会说"玩"、"吃"、"喝"等。

图 2-42 教师问宝宝:"这是什么?"请宝宝回答

◎ 小贴士:对聋哑宝宝应结合手语进行教学。

【字的评估】

发展目标	通过标准	完成情况			起始日期	结束日期	备注
		不会	会一点	全会			
字	会说儿歌每句的尾字						
	会说出 3~5 个字						

3. 词语理解与表达

★ **活动1:你问我答**

活动目标: 能用词来回答问题

活动准备: 常见的食品与物品

活动过程:

1)教师出示手里拿着的食品或物品问宝宝:"这是什么?"宝宝会说"苹果、鸭梨、小狗、水杯"等。若宝宝不能正确回答,则教师说,宝宝模仿。

2)在日常生活中当宝宝有需要时,教师问宝宝:"你要做什么?"引导宝宝回答"尿尿、喝水、吃好东西、洗手、刷牙"等。

◎ 小贴士:对聋哑宝宝应结合手语进行教学。

★ **活动 2：连续说两个词表达完整的意思**

活动目标：能连续说两个词以表达完整的意思

图 2-43　教师向宝宝出示图片

活动准备：有关"被子"、"抱"的图片

活动过程：

1) 教师出示"抱"的图片，请宝宝观察。
2) 宝宝让教师抱。
3) 教师分别出示有关爸爸、购物、吃东西、玩耍、睡觉等图片，引导宝宝使用"爸爸来、我上街、外面玩、吃东东、盖被被"等词组。
4) 会用不同词类表示。

◎ 小贴士：对聋哑宝宝应结合手语进行教学。

★ **活动 3：在哪里？**

活动目标：指出 3 件玩具

活动准备：相关玩具图片

活动过程：

1) 教师将玩具放在宝宝面前的桌子上，问他："XX 在哪儿呢？"请宝宝指出。
2) 教师将玩具放在宝宝面前的桌子上，问他："XXX 又在哪里呢？"请宝宝指出。

三　语言能力

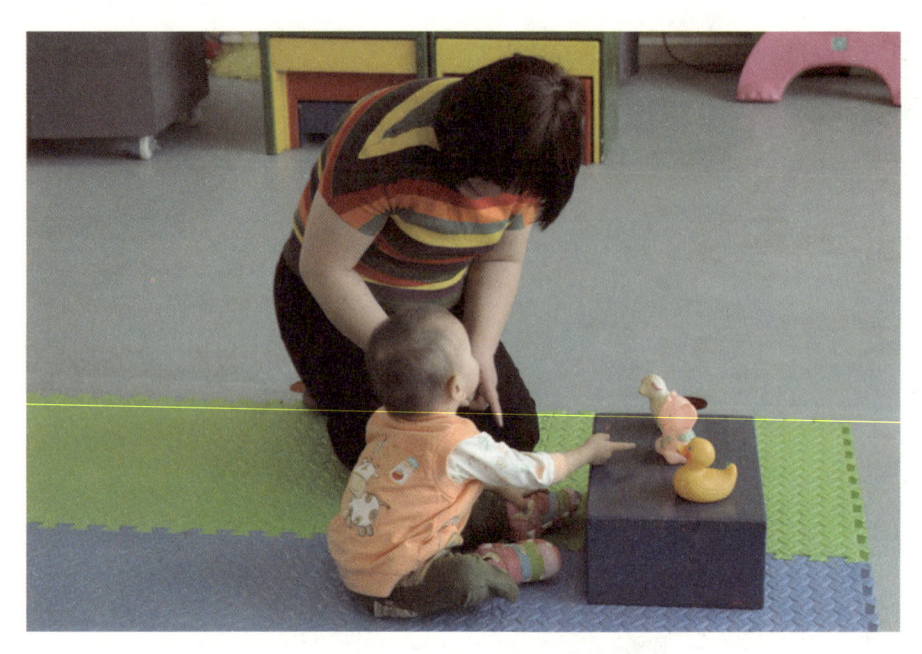

图 2-44　宝宝回答"小熊"在哪里

◎ **小贴士**：教师问宝宝时不要看着玩具，以免宝宝获得暗示。对聋哑宝宝应结合手语进行教学。

【词语理解与表达】

发展目标	通过标准	完成情况			起始日期	结束日期	备注
^	^	不会	会一点	全会	^	^	^
水果	说出名称						
物品	说出名称						
玩具	说出名称						
动作	说出名称						

4. 句子的理解

★ **活动1：歌表演**

活动目标：能正确地指出身体的部位

活动准备：有关身体部位图

活动过程：教师采用儿歌表演的形式进行。

　　教师唱："鼻子，鼻子，鼻子在哪里？"

　　宝宝回答："（边指边唱）在这里。"

　　教师唱："眼睛，眼睛，眼睛在哪里？"

宝宝回答："（边指边唱）在这里。"

教师唱："耳朵，耳朵，耳朵在哪里？"

宝宝回答："（边指边唱）在这里。"

教师唱："嘴巴，嘴巴，嘴巴在哪里？"

宝宝回答："（边指边唱）在这里。"

教师唱："摇头，摇头，摇头，摇摇头。"

宝宝边唱边摇摇头。

图 2-45　宝宝在教师的带领下指出鼻子

◎ **小贴士**：对聋哑宝宝应结合手语进行教学。

★ **活动 2：你问我答**

活动目标：能用 3~4 个字的句子表达要求或愿望

活动准备：书、胶泥、积木等

活动过程：教师向宝宝提问。

如："你干什么呢？"

"我看书。"（我喝牛奶，我玩儿胶泥，我拼积木，我画画，我写字）

"你去哪儿？"

"我去外面玩儿。"（我买冰棍儿，我上厕所，我去吃饭）

◎ **小贴士**：对聋哑宝宝应结合手语进行教学。

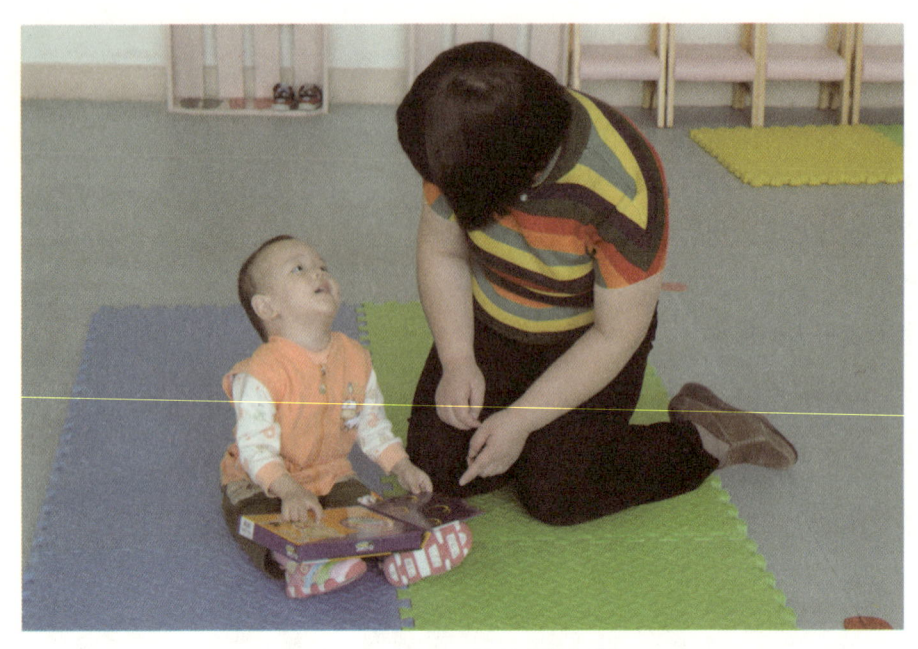

图 2-46 宝宝回答教师的问题

【句子的理解的评估】

发展目标	通过标准	完成情况			起始日期	结束日期	备注
		不会	会一点	全会			
部位	说出身体的部位						
表达要求	用3~4个字表达要求与愿望						

5. 篇章理解

★ **活动1：学儿歌，念儿歌**

活动目标： 能模仿念儿歌（每句不超过三四个字）

活动准备： 有关儿歌的图片

活动过程：

1）教师示范、讲解并出示相应的图片。

2）教师念儿歌，请宝宝们模仿。如：

鸟儿飞
风儿吹吹，
鸟儿飞飞，

鸟儿飞飞,
风儿追追。

◎ **小贴士:** 对聋哑宝宝应结合手语进行教学。

★ **活动 2: 我会念儿歌**

活动目标: 能模仿念儿歌(每句不超过三四个字)
活动准备: 有关儿歌的图片
活动过程:

1)教师示范、讲解并出示相应的图片。
2)教师念儿歌,请宝宝们模仿。如:

小山羊	小鸡
小山羊,	小鸡小鸡,
咩咩叫,	叽叽叽,
爬上山坡,	快到这里,
吃青草。	来吃米。

◎ **小贴士:** 对聋哑宝宝应结合手语进行教学。

【篇章理解的评估】

发展目标	通过标准	完成情况			起始日期	结束日期	备注
		不会	会一点	全会			
儿歌	模仿说一首						
	模仿说两首						
	模仿说三首						

【单元评估】

发展目标	通过标准	完成情况			起始日期	结束日期	备注
		不会	会一点	全会			
会盖好瓶盖儿	自己能独立盖好瓶盖儿						
放置圆形	将圆形纸板与纸上圆形的图形对上						

（续表）

发展目标	通过标准	完成情况			起始日期	结束日期	备注
		不会	会一点	全会			
按指示找出相同的物品	能够按指示将同样的东西放在一起						
按指示找出不同的物品	能够按指示将不同的东西挑出来						

四 社会技能

1~2岁的宝宝,已经能够与熟悉的小朋友一起玩儿游戏,对外界环境有着强烈的好奇心。促进这个阶段发展迟缓宝宝的社会技能的发展,需要从其兴趣点出发,在游戏和生活中为其提供学习和锻炼的机会。

(一)情绪和社交能力

1~2岁的宝宝已经拥有了基本的情绪,会通过情绪的表达满足自己的需要,但是这个年龄段宝宝的情绪尚未稳定,经常起伏。发展迟缓宝宝的情绪发展通常落后于正常宝宝;有的宝宝情绪分化不明显,表现出的情绪比较单一,有的宝宝则表现出更加直接、不稳定的情绪,这都需要对其进行引导和干预。本单元从注视近处的其他小朋友、参与游戏、探索环境、知道亲近人的名字、能独玩儿等训练点展开,期望通过各种活动、游戏提升宝宝的社会技能。

1. 注视他人

★ **活动1：拍拍手，摸摸头**

活动目标： 宝宝能够注视表演的教师或小朋友

活动准备： 垫子

活动过程：

　　1）宝宝坐在垫子上。

　　2）教师表演"拍拍手，摸摸头"。

　　3）教师引导宝宝注视自己的表演。

图 2-47　教师表演，宝宝注视教师

★ **活动2：我能认人了**

活动目标： 宝宝能够注视屏幕上的人物照片

活动准备： 电脑（或幻灯片），人物照片，椅子

活动过程：

　　1）教师与宝宝一起坐在椅子上。

　　2）教师放映一些宝宝平时熟悉的人员或者卡通人物的照片。

　　3）教师问宝宝照片中的人物是谁，并引导宝宝去注视人物的照片。

　　4）当宝宝转移注意力的时候，教师继续放下一张照片。

图 2-48　宝宝注视人物的图片

◎ 小贴士：

1）如果宝宝坐的能力弱，教师可以抱着宝宝或把他放在特殊座位设备里，再进行教导。
2）对于很容易分心或是眼睛不专心看人的宝宝，教师可以用手扶着宝宝的头，让宝宝看教师所说的照片两秒钟以上。
3）也可以把活动中的电子照片用纸质照片代替。

2. 参与游戏

★ **活动："小白兔"寻找"小花猫"**

活动目标： 宝宝能够参与到游戏中

活动准备： 小动物的头饰

活动过程：

1）教师戴上小花猫的头饰，扮成小花猫做动作："我是小花猫，喵，喵，喵。"
2）教师帮助宝宝戴上小兔子的头饰，引导宝宝拉成一圈儿，参与到游戏中。
3）"小花猫"这时藏了起来，另一名教师说："咦，小花猫藏到哪里去了？""听一听，哪里有小花猫的叫声？"
4）宝宝可以根据教师发出的小动物的叫声找到"小花猫"。

3. 同伴游戏

★ **活动1：与小朋友一起玩儿皮球**

活动目标： 宝宝能够与小朋友一起玩儿

活动准备： 小皮球

活动过程：

1）教师带着小朋友们围成圆圈儿。

2）教师拿出一个小皮球，踢给其中的一个小朋友。

3）教师鼓励这名宝宝将球传给其他的宝宝。

图 2-49　同伴一起踢皮球

◎ **小贴士：** 小朋友一起玩儿时，教师要随时注意及时阻止宝宝互相抢玩具，甚至动手打人。

★ **活动2：我和小朋友一起"开汽车"**

活动目标： 宝宝能够与小朋友一起玩儿

活动准备： 玩具小汽车，垫子

活动过程：

1）两位教师各抱着一个宝宝坐在垫子上，面对面相距 1.5 米左右。

2）其中一个教师拿出一辆玩具小汽车，推给对面的那位教师，然后对面的那位教师再把小汽车推回来。如此在宝宝面前来回进行几次。

3）教师将小汽车放到一名宝宝手中，并辅助其将小汽车推给他对面的宝宝。

4）对面的宝宝接到小汽车后，坐在他身后的教师辅助其再把小汽车推回对面。如此反复几次。

5）教师鼓励两位宝宝自己独立做这个推小汽车的游戏。

图 2-50　两个宝宝坐在垫子上做互推小汽车的游戏

◎ **小贴士**：宝宝拿到小汽车后可能不想放手，这时教师应给予适当的引导和鼓励。

4. 按指示给人东西

★ **活动 1：按照指示拿玩具或毛巾**

图 2-51　宝宝将毛巾递给教师

活动目标：宝宝能够按照指示拿东西

活动准备：毛巾，玩具

活动过程：

1）教师与宝宝围坐在一起，准备擦手。

2）教师让宝宝拿来自己的毛巾。"宝宝，请把你的毛巾拿过来，一起擦擦手。"

3）对于一些放在固定地点的安全物品，教师可以请宝宝来拿。

4）宝宝完成教师的要求后，教师要给予适当奖励。

◎ **小贴士**：

1）教师要及时夸奖宝宝的行为，让宝宝的恰当行为得到强化。

2）对于宝宝经常玩儿的娃娃、积木、小汽车等安全的玩具，教师也可以让宝宝自己去拿来。

★ **活动2：按照指示拿衣物**

活动目标：宝宝能够按照指示拿东西

活动准备：宝宝的衣物

活动过程：

1）宝宝刚起床时（或是刚洗完澡后）。

2）教师让宝宝去拿自己喜欢的衣服。"宝宝，请你帮老师把你的外衣拿过来吧。"

3）宝宝完成教师的要求后，教师要给予适当奖励。

4）教师再让宝宝去拿自己喜欢的裤子。"宝宝，请你帮老师把你的裤子拿过来吧。"

◎ **小贴士**：

1）教师要及时夸奖宝宝的行为，让宝宝的恰当行为得到强化。

2）此项活动可以在宝宝的日常活动中开展。

5. 打招呼

★ **活动1：我会说"你好"**

活动目标：宝宝能够与人打招呼

活动准备：玩具，垫子

活动过程：

1）教师与宝宝面对面坐在垫子上，一起玩儿各种玩具（小娃娃、小白兔、小狗、小熊等）。

2）教师手拿小娃娃玩具，然后对着玩具说："小朋友，你好。"

3）教师引导宝宝对着小娃娃玩具说"小朋友，你好"。当宝宝跟着说以后，教师就给予适当奖励。

4）教师继续拿出其他的动物玩具，和宝宝一起玩儿对小动物说"你好"的游戏。

图 2-52　宝宝跟娃娃打招呼

◎小贴士：

1）在日常的生活中，教师每次见到宝宝应该对着宝宝说："XXX，你好！"并引导宝宝说："老师你好！"
2）也可以用同样的方法让宝宝掌握说"再见"。

★ **活动2：做个有礼貌的好宝宝**

活动目标：宝宝能够与人打招呼

活动准备：布娃娃，垫子

活动过程：

1）教师与宝宝面对面坐在垫子上，准备玩儿布娃娃。
2）教师拿着两个布娃娃，让两个娃娃打招呼。
3）宝宝模仿教师让娃娃打招呼。
4）学习后，教师要在日常生活合适的情境中让宝宝练习"打招呼"这一行为。

◎小贴士：要随时教导宝宝做一个有礼貌的好宝宝。就是这点滴的积累，才可养成宝宝良好的行为习惯。

6. 知道亲近人的名字

★ **活动1：我知道你的名字**

活动目标：宝宝能够听出熟悉的小朋友、教师的称呼

活动准备：小朋友，教师的照片，垫子

活动过程：

1）教师与宝宝坐在垫子上，教师拿出许多照片。

2）教师告诉宝宝照片中的人物：班上教师的照片、小朋友的照片。

3）教师说出小朋友或教师的名字，让宝宝用手把照片挑出并说出来。

4）宝宝也可以用手指出提到的人的照片。

图 2-53　教师说出人物的名字，宝宝用手指着人物的照片

◎ **小贴士**：如果宝宝手部活动有困难，教师可以让宝宝用眼睛寻找提到的人。

★ **活动 2：我知道你是谁**

活动目标：宝宝能够说出其熟悉的小朋友、教师的称呼

活动准备：小朋友，教师的视频，垫子

活动过程：

1）教师与宝宝坐在垫子上，一起看视频。

2）边看视频教师边问宝宝视频里的人物是谁。

3）宝宝可以说出这个人的名字也可以用手指出视频里出现的人。

4）当宝宝认出视频中的一个人物后，教师再继续播放。

◎ **小贴士**：

1）视频中每个人物出现的时间应该长一点，而且视频中的背景也应该是宝宝比较熟悉的。

2）如果宝宝手部活动有困难，教师可以让宝宝用眼睛寻找提到的人。

7. 有同情心

★**活动 1：布娃娃是我的小妹妹，我来抱抱她吧**

活动目标： 宝宝能够哄布娃娃

活动准备： 布娃娃

活动过程：

1）教师与宝宝一起在垫子上。

2）教师拿出布娃娃，抱在怀里。

3）教师把布娃娃交给宝宝，"宝宝，你看，布娃娃的头发多好看呀，眼睛跟你一样明亮，像不像你的小妹妹呀？你也来抱抱她吧"。

4）让宝宝也把布娃娃抱在怀里，轻轻地抱着，学着教师的样子哄布娃娃睡觉。

5）让宝宝感受照顾别人的感觉。

图 2-54 宝宝怀里抱着布娃娃，哄其睡觉

◎ 小贴士：

1）教师要培养宝宝爱护自己的玩具。

2）教师要教导宝宝，小朋友之间也要相互关心、相互体贴。

★**活动 2：XXX 别哭了，我和你一起玩儿**

活动目标： 宝宝能够在其他宝宝哭的时候表示同情

活动准备： 布娃娃

四 社会技能

活动过程:

1) 午休时间结束了,教师拿出布娃娃,让刚起床的宝宝抱在怀里。
2) 这时可能有个别宝宝正在哭。
3) 教师引导宝宝注视正在哭的小朋友。并问宝宝:"XXX 怎么了?"宝宝说:"哭了。"
4) 教师告诉宝宝这位小朋友哭了,他很伤心,鼓励宝宝过去和这位还在哭的小朋友一起玩儿布娃娃。
5) 宝宝做到以后,教师要给予奖励。

◎ **小贴士:**

1) 教师要教导宝宝,小朋友之间也要相互关心、相互体贴。
2) 这种培养儿童同情心的活动可以在宝宝的日常生活环境中多次进行,使之成为宝宝的一个良好品质。

8. 与小朋友分享自己的玩具

★ **活动1:这是我的玩具,借给你玩儿**

活动目标: 宝宝能够与小朋友分享玩具

活动准备: 小汽车,电子琴

活动过程:

1) 教师与宝宝一起玩儿玩具。
2) 教师引导宝宝玩儿互相交换玩具的游戏,"XX,把你的小汽车拿给 YY 玩一会儿再换回来吧","YY,把你的电子琴拿给 XX 玩儿一会吧"。

图 2-55 宝宝将玩具递给另一个宝宝玩儿

3）宝宝会接受别人的玩具，而他也知道自己的玩具一会儿还会回来，就很乐意做这个游戏。

◎ **小贴士**：教师要随时注意防止宝宝因为争抢玩具而打架。

★ **活动2：这是我的玩具，我们一起玩儿吧**

活动目标：宝宝能够与小朋友分享玩具

活动准备：电子琴

活动过程：

1）教师与宝宝一起玩儿电子琴。
2）这时进来另外一个宝宝，教师引导宝宝与这位小朋友一起玩儿电子琴，"宝宝，你和XX一起玩儿电子琴吧"。
3）两位宝宝一起在电子琴上进行弹奏。

◎ **小贴士**：
1）教师要随时注意防止宝宝因为争抢玩具而打架。
2）最好能够给宝宝准备双份玩具，而让宝宝一起玩儿的玩具应该是比较大型且适合两人玩儿的。

9. 能等待食物或玩具

★ **活动1：过一会儿就会轮到我玩儿玩具了**

活动目标：宝宝能够控制情绪，学会等待

活动准备：玩具

活动过程：

1）教师与宝宝们围坐在一起。
2）教师开始给宝宝发玩具，并说："小朋友不要抢，每个小朋友都有，大家坐好，一个一个来。"
3）教师发给宝宝玩具的时候，要让宝宝学习等待。
4）对于能够等待的宝宝，教师要给予一定的奖励。

◎ **小贴士**："我要第一个挑玩具"，"第一个拿到玩具"，这是很多宝宝的行为表现，宝宝小一些的时候，这种表现会更加明显。所以，教师在此过程中要注意引导。

★ **活动2：过一会儿就会给我发吃的了**

活动目标：宝宝能够控制情绪，学会等待

活动准备：食物

活动过程：

1）教师与宝宝们围坐在一起。
2）教师开始给宝宝发食物，并说："小朋友不要抢，每个小朋友都有吃的，大家坐好，

一个一个来。"

3）教师发给宝宝食物的时候，要让宝宝学习等待。

4）对于能够等待的宝宝，教师要给予一定的奖励。

【单元评估】

发展目标	通过标准	完成情况			起始日期	结束日期	备注
		不会	会一点	全会			
注视他人	能够注视表演的小朋友						
参与游戏	能够参与到游戏中						
同伴游戏	能够与小朋友一起玩儿						
按指示给人东西	能够按照指示拿东西						
打招呼	宝宝能够与人打招呼						
知道亲近的人的名字	能够认出其熟悉的小朋友、教师的称呼						
有同情心	能够哄布娃娃						
学会分享	能同其他小朋友分享玩具						
能等待食物或玩具	学会等待						

（二）生活自理能力

1~2岁的宝宝喜欢模仿大人做家务，很多事情都想自己试一试，本单元从模仿成人做家务、用勺吃饭、会自己穿脱外衣等生活自理能力这几个训练点展开。期望通过各种活动、游戏提升宝宝的社会技能。

1. 用勺自己吃饭

★ 活动 1：自己用勺吃饭真香呀

活动目标：宝宝能够自己拿勺吃饭

活动准备：碗，勺子，软食，毛巾

活动过程：

1）让宝宝坐在饭桌旁边，围上围嘴，拿一条毛巾备用。
2）教师发给宝宝勺子和碗，在碗里盛少量的软食。
3）教师示范：手握勺子，用勺子盛软食，往嘴里送。
4）教师辅助宝宝自己练习用勺子吃饭。

◎ 小贴士：宝宝吃饭的碗和勺子最好不易摔破，可用不锈钢或环保塑料碗、勺子。

★ 活动 2：我会用勺喝汤了

活动目标：宝宝能够自己用勺喝汤

活动准备：碗，勺子，汤，毛巾

活动过程：

1）让宝宝坐在饭桌旁边，围上围嘴，拿一条毛巾备用。
2）教师发给宝宝勺子和碗，在碗里盛少量的汤。
3）教师示范：手握勺子，用勺子盛汤，慢慢、稳稳地往嘴里送。
4）教师辅助宝宝自己练习用勺子喝汤，要特别注意提醒宝宝拿勺子的那只手不要抖，并适时给予帮助。

◎ 小贴士：宝宝吃饭的碗和勺子最好不易摔破，可用不锈钢或环保塑料碗、勺子。

2. 会自己戴、摘帽

★ 活动 1：我会给娃娃戴帽子

活动目标：宝宝能够给布娃娃戴帽子、摘帽子

活动准备：布娃娃，帽子

活动过程：

1）教师给布娃娃戴上帽子。

2）教师引导宝宝看布娃娃的帽子，说："看，布娃娃戴上帽子多好看啊！"

3）教师示范将布娃娃头上的帽子摘下来，然后再把帽子戴回布娃娃的头上，在这个过程中，教师可以与宝宝进行口头交流。

4）教师引导宝宝将布娃娃的帽子摘下来，并辅助其把帽子戴回布娃娃的头上。

图 2-56.1　宝宝尝试给布娃娃摘下帽子

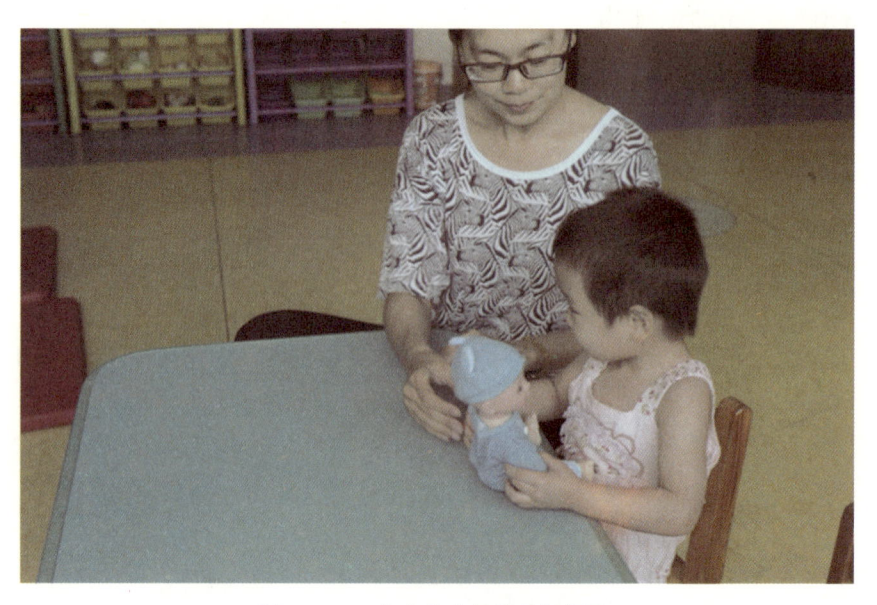

图 2-56.2　宝宝给布娃娃戴好帽子

5）反复多次练习。

6）教师鼓励宝宝独立将帽子戴在布娃娃头上。

◎ 小贴士：所选取的布娃娃最好不要太小。

★ **活动2：我会自己戴帽子**

图 2-57.1　宝宝拿起帽子

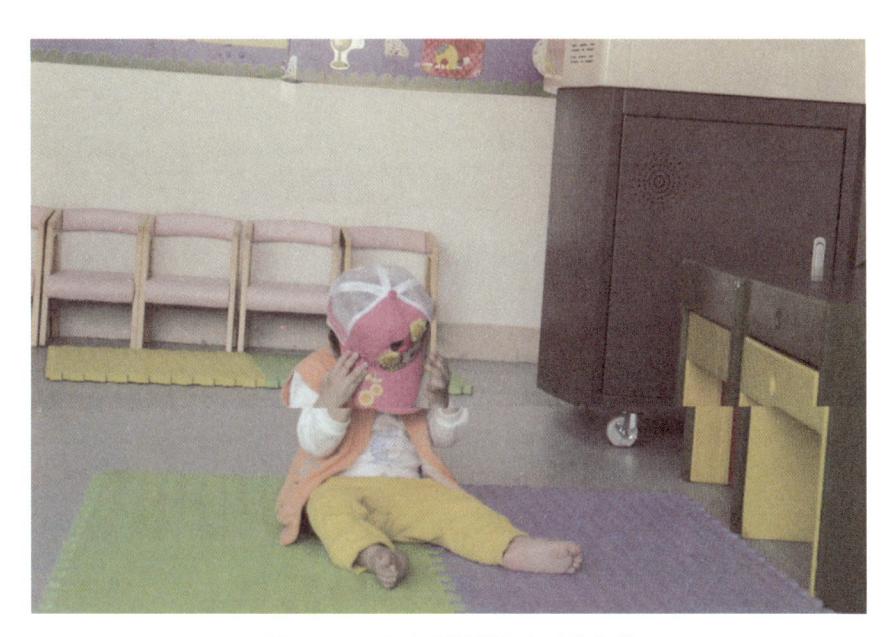

图 2-57.2　宝宝把帽子往自己头上戴

四　社会技能

169

图 2-57.3　宝宝戴好帽子

活动目标： 宝宝能够自己戴帽子、摘帽子

活动准备： 帽子

活动过程：

1）教师将帽子戴在宝宝头上。

2）教师抱着宝宝去照镜子："看看，宝宝戴帽子多漂亮呀。"

3）教师引导宝宝将头上的帽子摘下来。

4）教师辅助宝宝将帽子带到头上。

5）反复多次练习。

6）教师鼓励宝宝独立将帽子戴在头上。

◎ **小贴士：** 教师所选取的帽子应该是便于宝宝摘、戴的。

3. 会穿、脱外衣

★ **活动1：我给布娃娃穿外衣**

活动目标： 宝宝能够给布娃娃穿、脱外衣

活动准备： 布娃娃

活动过程：

1）教师与宝宝坐在矮桌边（或床边）。

2）教师拿出布娃娃，与宝宝玩儿一会儿。

3）教师先把布娃娃衣服的扣子解开，然后将其衣服脱下来。

4）教师将布娃娃的衣服穿回去，然后教师再把娃娃衣服的扣子解开，让宝宝自己

将布娃娃的衣服脱下来。
5）教师示范如何给布娃娃穿外衣：摆动娃娃的一只手，使其对准衣服的一只袖口并穿上，用同样的方法穿上另一个袖子。然后教师引导宝宝把布娃娃的外衣脱下来。
6）教师辅助宝宝给布娃娃穿上外衣。
7）如此反复练习多次。

图 2-58.1　宝宝为布娃娃穿裤子

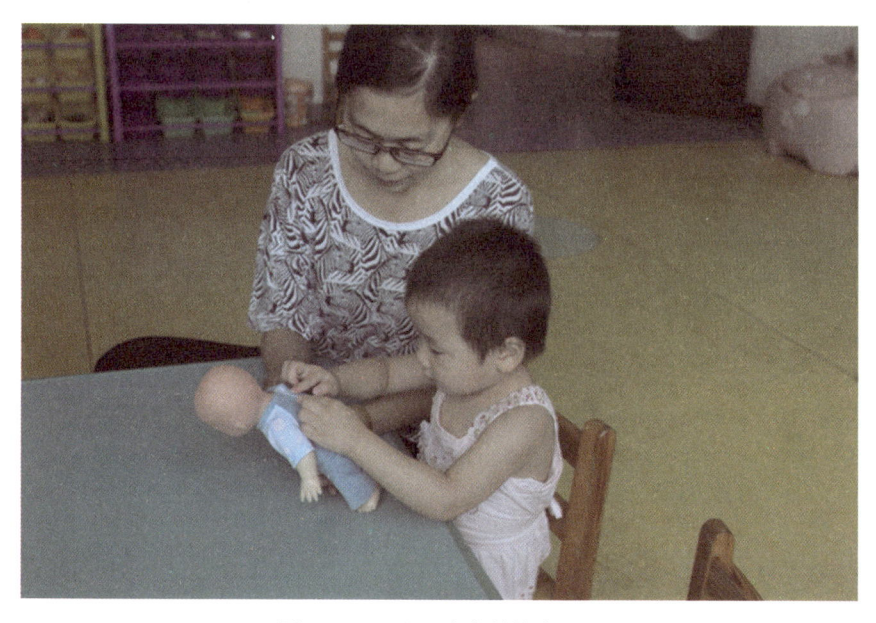

图 2-58.2　宝宝为布娃娃穿衣服

◎ 小贴士：

1）如果宝宝穿外衣的动作很不协调，教师要给予宝宝适当的协助。

2）此技能对于宝宝来说比较难，可以在其平时玩儿布娃娃时加以训练。

★ **活动 2：我会自己穿外衣**

活动目标：宝宝能够自己穿、脱外衣

活动准备：宝宝外衣

活动过程：

1）教师与宝宝坐在矮桌边（或床边）。

2）教师辅助宝宝将外衣的扣子解开，并将衣服脱下来。

3）教师引导宝宝配合穿衣服。当教师为宝宝穿衣服时，宝宝要伸手入袖，穿裤子时自己抬腿配合。"宝宝，穿衣服了，把手伸到袖子里。"

4）如此反复练习多次。

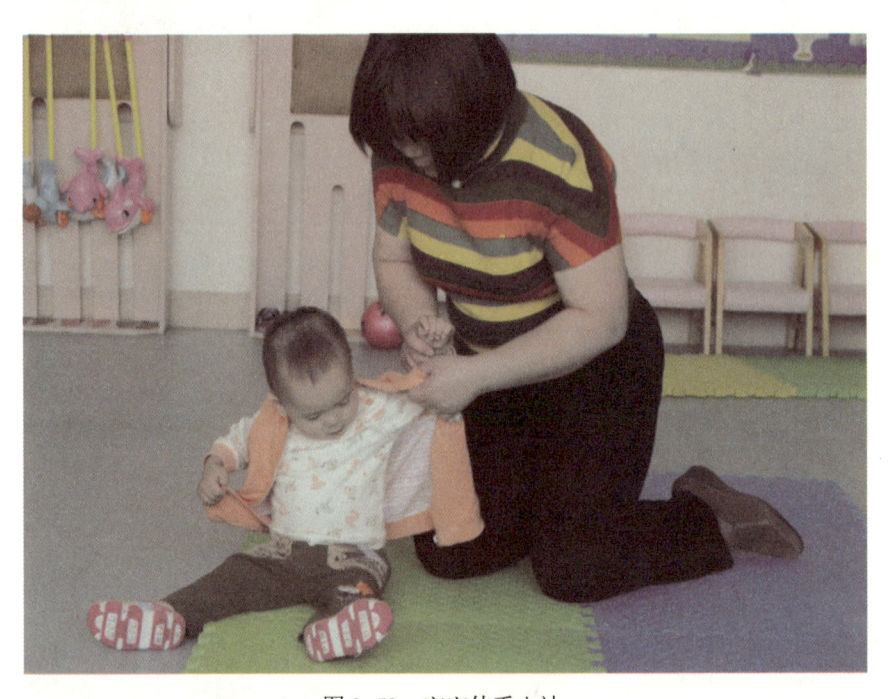

图 2-59　宝宝伸手入袖

◎ 小贴士：

1）如果宝宝穿外衣的动作很不协调，教师要协助宝宝整理平整。

2）此技能对于宝宝来说比较难，需要在日常生活中反复练习才能形成。

3）在宝宝配合穿衣目标达成后，教师可针对不同类型的衣物示范穿脱的方法，依据宝宝的能力水平将穿衣过程分成多个小步骤逐一教授。

4. 大小便有表示

★ **活动1：小鸭子便盆**

活动目标： 宝宝能够坐在便盆上排便

活动准备： 小鸭子便盆（或其他宝宝便盆），宝宝喜爱的玩具，垫子

活动过程：

1) 教师将便盆放在房间内固定的地点，并让宝宝熟悉。
2) 教师与宝宝一起坐在垫子上玩玩具。
3) 当教师发现正在玩耍的宝宝出现发呆、停止玩耍、扭动两腿、不安躁动时，教师应及时让其坐到便盆上。教师可在固定时间要求或提醒宝宝坐到便盆上排便。
4) 开始时，教师应扶住宝宝坐在便盆上大小便，可以告诉宝宝："宝宝，坐在便盆上大便（小便）了！用劲儿！"
5) 在日常生活中，教师一旦发现宝宝表现出想要大小便的反应时，应立即让其去坐到便盆上。

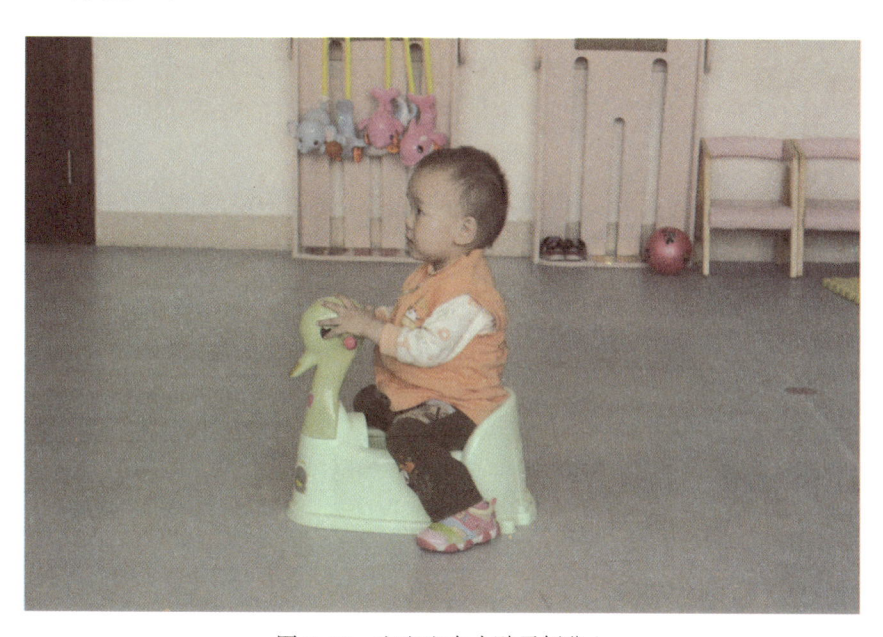

图 2-60　宝宝坐在小鸭子便盆上

◎ **小贴士：**

1) 开始坐便盆时，每次 2~3 分钟，逐步增加到 5~10 分钟，时间不能过久，如未解出大便，可起来活动一下再坐下。
2) 切记不可让坐在便盆上的宝宝吃糖果、玩儿玩具、吃饭等；更不能将便盆代替椅子，让宝宝长久地坐在上面，这样不利于其大便习惯的培养，对身体健康也没有好处。

四　社会技能

173

3）冬天时可在便盆上套上布套子，以免便盆太凉造成的刺激引起大小便抑制。

4）便盆最好放在容易看到的较明亮的地方，便于寻找，也不会因为放在黑暗处而引起宝宝惧怕坐便盆。

5）此技能在日常生活中反复训练才能养成。

★ **活动2：定时坐便盆养成好习惯**

活动目标： 宝宝能够在要排便时有表示

活动准备： 宝宝便盆

活动过程：

1）可以带着宝宝讲解图书，看看小动物们"谁的床单最清洁"。告诉宝宝尿床不好，要在便盆里排便。

2）宝宝尿床了，知道做得不对，教师不要总是责备，因为这样会让宝宝产生恐惧心理，越是斥责，宝宝越是紧张，越要尿床。特别是宝宝晚上睡觉以后，教师要定时叫尿，养成好习惯。

3）可训练宝宝定时排便，例如开始时1~2小时一次。小的时候次数可以多一点，长大一点后，可以减少次数，也要根据每名宝宝的具体特点来安排。当然选择适当的季节，如夏季是训练宝宝坐便盆排便比较好的季节。

◎ **小贴士：**

1）此项技能对于宝宝来说非常重要，同时也是比较困难的，需要在日常生活中反复训练才能养成。

2）平时生活中，教师要善于观察宝宝，宝宝一般要尿尿时会有自己的表示，如神情紧张等。但是如果宝宝玩儿得兴奋也会忘记尿尿而尿裤子。

【单元评估】

发展目标	通过标准	完成情况			起始日期	结束日期	备注
		不会	会一点	全会			
用勺自己吃饭	能够自己拿勺吃饭						
会自己戴、摘帽	宝宝能够自己戴、摘帽子						
会穿、脱外衣	宝宝能够自己穿、脱外衣						
大小便有表示	能够在要排便时表现出反应						

第三部分

2~3 岁

一　运动技能

（一）粗大运动

2~3岁的宝宝躯体动作更加协调，体质也开始逐渐增强。这个阶段的宝宝开始模仿成人的活动，喜欢玩儿水、沙土、橡皮泥，在纸上涂画、踢球、骑小三轮车、随着音乐跳舞、唱简单的歌谣、翻看故事书或看动画片等。而发展迟缓的宝宝由于自身情况的不同，在粗大运动的发展方面存在不同程度的落后。对其进行粗大运动教学有助于他们肌肉力量的训练及运动能力的提高，进而带动他们身体其他方面的发展，促进宝宝形成健康的体魄。本单元从上下楼梯、迈过障碍物、独脚站、踢球、跑、跳、往下跳、跳舞等运动技能方面开展教育训练，内容安排遵循从易到难的顺序。在教学中，教师要根据每个宝宝的运动能力和身体条件，确定宝宝的发展目标，循序渐进地教学。

1. 平衡协调动作

(1) 上、下楼梯

★ **活动1：上楼梯训练**

活动目标： 宝宝能够扶住栏杆，独立完成两脚一台阶的上楼梯动作

活动准备： 楼梯训练器（也可是有扶手的楼梯等）

活动过程：

1) 教师带领宝宝走到楼梯前，指导宝宝手扶栏杆，完成上楼梯的准备动作。
2) 教师往上站两级楼梯。
3) 指导宝宝抬起右（左）脚放在第一级台阶上。
4) 教师以双手牵着宝宝的上臂，引导宝宝重心向前移，同时帮宝宝抬起左脚（右脚）放到第一级台阶上，完成上楼梯动作。
5) 如此反复训练，并逐步撤销教师的辅助，让宝宝能扶着栏杆独立完成上楼梯动作。

★ **活动2：下楼梯训练**

活动目标： 宝宝能够扶住栏杆，独立完成两脚一台阶的下楼梯动作

活动准备： 楼梯训练器（也可是有扶手的楼梯等）

活动过程：

1) 教师带领宝宝站在楼梯上，指导宝宝手扶栏杆，完成下楼梯的准备动作。
2) 教师往下站两级楼梯，伸出双手协助宝宝并同时给予口头指令"下"。
3) 指导宝宝迈出右脚（左脚）放到下一级台阶上。
4) 牵引宝宝顺着栏杆将手向下移动，让其有一种向下的感知力。
5) 指导宝宝迈出左脚（右脚）放到下一级台阶上，完成下楼梯动作。
6) 如此反复训练，并逐步撤销教师的辅助，让宝宝能扶着栏杆独立完成下楼梯动作。

◎ **小贴士：**

1) 宝宝完成每一次训练时，都应给予适当的鼓励，如果宝宝害怕，可从最低的一两级楼梯开始练习。
2) 当宝宝完成情况较好时，还可进行一脚一台阶的进阶训练。
3) 程度较好的宝宝也可进一步训练无搀扶物上下楼梯。
4) 训练宝宝下楼梯时，教师要站在宝宝的下方，随时注意保护宝宝的安全，以免其重心不稳向下摔倒。

5）当宝宝完成情况较好时，可对其进行一脚一台阶的下楼梯进阶训练。

（2）迈过障碍物

★ **活动1：过圈圈**

活动目标：通过游戏，宝宝能够进行抬腿、移重心、跨越圈圈、收腿等连续动作，能掌握迈过障碍物的基本技能

活动准备：呼啦圈数个

活动过程：

1）将呼啦圈沿直线依次拼接，并带领宝宝站在呼啦圈边。
2）教师慢动作示范抬腿、移重心、跨进圈圈、收腿等连续动作，并引起宝宝参与的兴趣。
3）教师与宝宝面对面站立，一手牵扶宝宝，一手指示宝宝抬起左脚（右脚），牵引宝宝的身体随着脚的抬起向前倾；
4）引导宝宝在身体向前倾的同时，顺势将自己抬起的左脚（右脚）放进呼啦圈内；
5）待宝宝的身体平衡后，指导其收起自己的右脚（左脚）一并带入呼啦圈内，完成跨越动作。
6）教师应让宝宝进行充分练习并可逐步撤销对宝宝的协助支持，直至其能独立连贯地完成跨越动作。

图 3-1.1　教师站在宝宝旁边，一手搀扶宝宝，另一只手指向宝宝迈出脚的方向

图 3-1.2　宝宝一手扶着教师，一只脚在圈儿内，另一只脚已经跨出圈儿外

◎ 小贴士：

1）不能独立行走的宝宝可以借助助行器。

2）对抬腿有困难的宝宝，教师要协助其抬腿。

★ **活动 2：跨栏**

活动目标： 通过游戏，宝宝能够进行抬腿、移重心、跨越圈圈、收腿等连续动作，能掌握迈过障碍物的基本技能

活动准备： 宝宝塑料跨栏若干

活动过程：

1）将跨栏按固定间隔一字排开，并在第一个跨栏前画上起始线，带领宝宝站在起始线前。

2）教师走到跨栏前，示范抬腿、保持身体平衡、移重心、跨越跨栏、收腿等连续动作，并引起宝宝参与的兴趣。

3）教师带领宝宝走到跨栏前，并与宝宝面对面站立，一手牵扶宝宝，一手指示宝宝抬起左脚（右脚）并保持住身体平衡；牵引宝宝的身体随着脚的抬起向前倾。

4）教师引导宝宝将抬起的左脚（右脚）向前迈出并移动身体重心，使其左脚（右脚）跨过跨栏。

5）待宝宝身体平衡后，指导其收起自己的右脚（左脚），一并跨过跨栏，完成跨越动作。

6）待跨过第一个栏后，引导宝宝走到下一个跨栏前，继续进行训练。

图 3-2　教师站在宝宝旁边，一手搀扶宝宝，另一只手指向宝宝迈出脚的方向，宝宝一手扶着教师，一只脚正抬起跨过跨栏

活动扩展：当宝宝已基本掌握跨越技能后，可让其进行各种模式的跨越障碍物训练，如跨绳等。

◎ 小贴士：

1）教师可慢慢由面对面指导转为在一侧搀扶并逐步撤销对宝宝跨栏的辅助支持。

2）训练用的跨栏可从最低高度开始，并随着宝宝的进步逐渐增加高度。

（3）独脚站

★ **活动 1：金鸡独立**

活动目标：宝宝能够单脚站立并保持身体平衡

活动准备：手扶支撑物

活动过程：

1）教师与宝宝手拉手围成一个圈儿。

2）教师做示范动作并引起宝宝的学习兴趣：双手叉腰，缓缓地抬起一只脚，保持身体平衡，坚持 3 秒钟，再把脚放下。

3）指导宝宝模仿教师的动作，双手叉腰，抬起自己的一只脚，并将重心移到对侧，坚持 1~3 秒，当宝宝无法掌握平衡时，教师可给予适当的辅助支撑。

4）让宝宝放平抬起的脚，换另一只脚抬起，同样单脚站大约 1~3 秒，如此反复训练 10~20 次。

一　运动技能

图 3-3.1 宝宝在教师的辅助下单脚站立

图 3-3.2 宝宝借助辅助，一脚抬起做金鸡独立的动作

◎ **小贴士**：如果宝宝不能独立站立，教师可以让宝宝扶着梯背椅，协助其练习将重心转移到受力的一侧。

★ **活动 2：单脚踩脚印**

活动目标：宝宝能够单脚站立并保持身体平衡，增强宝宝的下肢力量

一、运动技能

活动准备：红色、绿色脚印图形

活动过程：

1）教师在地上画两个脚印，一个涂上红色，另一个涂上绿色。脚印的大小与宝宝的脚相似，步幅宽度也与宝宝的相近。

2）教师双手叉腰，抬起一只脚，站立 3 秒，然后放下来，再抬起另一只脚。

3）指导宝宝模仿教师的动作，双手叉腰，抬起踩在红色脚印上的脚，并将重心移到对侧，站在绿色脚印上的脚放平，坚持 1~3 秒，当宝宝无法掌握平衡时，教师可给予适当的辅助支撑。

4）让宝宝放平抬起的脚，换另一只脚抬起，受力的腿可以有些屈膝，同样单脚站大约 1~3 秒，如此反复训练 10~20 次。

图 3-4　宝宝模仿教师的动作，抬起一只脚

（4）踢球

★ 活动 1：踢踢球

活动目标：宝宝能够掌握初步的踢球动作，并有踢球的意识

活动准备：皮球若干

活动过程：

1）教师将皮球一字排开。

2）教师问宝宝：怎么才能让球动起来呢？我们不仅可以用手，还可以用脚。教师示范抬脚踢球，使球滚动起来，吸引宝宝参与的兴趣。

3）让宝宝站到球的前面，鼓励宝宝用脚去触碰球，使球滚动起来。
4）在活动中指导宝宝练习抬脚踢球，使球滚得又快又远。

图 3-5　宝宝抬脚踢球

◎小贴士：为增加活动的趣味性，教师还可组织宝宝比一比谁把球踢得更远。

★ **活动 2：射门**

图 3-6　宝宝正将球踢向球门

活动目标： 宝宝能够上下肢协调活动，能够掌握抬腿、摆脚的踢球动作

活动准备： 皮球，仿设的球门

活动过程：

1）教师将两张小椅子摆成球门的形状，在球门前约1米处，摆上皮球。

2）教师示范：双手自然垂放，抬起一条腿，向后摆腿，再尽力向前踢球，并将球踢向球门，踢球过程中，手随着身体的运动协调摆动。

3）指导宝宝模仿教师踢球：先站稳，抬起一条腿向后摆动，再向前踢球，用力将球踢进球门。注意指导宝宝上肢放松，并随身体的运动自然摆动。

活动扩展： 待宝宝基本掌握踢球动作时，可适当调远球离球门的距离，增加宝宝的射门难度，提高宝宝踢球的精确度。

◎ **小贴士：**

1）对于协调性较差的宝宝，教师要协助宝宝将身体重心移到一侧的腿上，抬起其对侧的腿踢球。

2）如果宝宝不能独立站立，教师要为宝宝选择适宜的助行器，让宝宝在辅助下进行踢球游戏。

（5）蹲站

★ **活动1：起立、蹲下**

活动目标： 宝宝能够按照教师的指令迅速连贯地完成起身和下蹲动作

图 3-7.1　教师和小朋友围成一圈儿，手拉手，蹲下

图 3-7.2　教师和小朋友围成一圈儿，手拉手，起立

活动过程：

1）教师牵着宝宝手拉手围成一个圈儿一起做听指令完成动作的游戏。
2）教师示范讲解：当听到"蹲下"指令时，教师弯曲双腿，身体重心下移，蹲在地上，当听到"起立"指令时，教师起身完成站立姿势。
3）游戏开始，教师发出"蹲下"指令并协助宝宝屈膝、重心下移，保持平衡蹲在地上。
4）当"起立"指令发出后，引导宝宝翘臀俯身，重心前移（身体向前移动），双下肢同时用力，然后直腿，挺身，完成站立动作。
5）如此反复，每次指令后都让宝宝保持动作 3~5 秒。当宝宝能较连贯掌握起身和下蹲动作时，适当加快指令更换的节奏，增强宝宝的反应能力。

◎ 小贴士：

1）当宝宝站立或蹲起有困难时，教师应适当减缓指令的更换频率并应提供辅具支持，例如可让宝宝可先学习握住梯背架学习站起、蹲下。
2）平时要多创造宝宝蹲着玩儿的机会，增强宝宝的下肢肌耐力。

★ **活动 2：采蘑菇**

活动目标： 宝宝能够自主蹲站，并有按游戏规则活动的好习惯

活动准备： 玩具蘑菇若干，小筐若干

活动过程：

1）教师在地上散落放着各种玩具蘑菇，在宝宝伸手能够到的墙面高度挂上小筐。
2）教师带领宝宝参与游戏：地上有好多好多蘑菇，我们要把它们都采回家。

3）教师示范并要求：身体下蹲捡起地上的蘑菇，站起身，把捡到的蘑菇放到墙上挂着的小筐内。

4）鼓励宝宝积极参与，并比一比谁采的蘑菇多。

◎ **小贴士**：活动中，教师要多关注宝宝的身体状况，当宝宝做蹲起动作有困难时，教师要适当给予辅助，游戏的节奏也要视宝宝的能力做出加快或减缓调整。

【单元评估】

发展目标	通过标准	完成情况			起始日期	结束日期	备注
		不会	会一点	全会			
上楼梯	宝宝能够扶住栏杆，独立完成两脚一台阶的上楼梯动作						
下楼梯	宝宝能够扶住栏杆，独立完成两脚一台阶的下楼梯动作						
迈过障碍物	能够抬腿、移重心、跨越、收腿完成障碍跨越						
独脚站	能够单脚站立并保持身体平衡3秒钟						
踢球	能完成抬腿、摆脚的踢球动作						
蹲站	能连贯地完成起立、蹲下的动作						

2. 运动技能

（1）跑

★ **活动1：我的气球飞起来**

活动目标：宝宝能够熟练地跑步并保持身体平衡

活动准备：彩色气球，一条1米左右长的绳子

活动过程：

1）教师带着宝宝先将气球吹起来，用绳子系上。

2）在活动室或者户外（要空旷，不要有障碍），教师示范手牵着气球跑，让宝宝看到气球飞了起来，增强其参与活动的积极性。

3）把气球分发给宝宝，让其拽着绳子跑动，让气球飞起来。

图 3-8　宝宝手拉气球跑向教师

◎ 小贴士：

1）对于身体协调有困难的宝宝，教师要事先指导宝宝跑步的动作：双肘屈曲，双臂与双腿运动方向相反，双腿屈膝，前脚掌蹬地，动作协调。

2）如果宝宝手部不能拽着绳子，教师可以将绳子系在宝宝的衣服上，绳子要短一些。

★ **活动 2：追泡泡**

活动目标： 宝宝能够熟练地跑步并保持身体平衡

活动准备： 户外开阔空间，泡泡液，吹泡泡的工具

活动过程：

1）教师带着宝宝到户外，教师吹泡泡以吸引宝宝参与的兴趣。

2）教师给宝宝演示如何追泡泡并把泡泡戳破，并鼓励宝宝和教师一起做。

3）为吸引宝宝的注意力，教师还可在活动中配合儿歌，增加活动的乐趣："大泡泡，小泡泡，大家快来追泡泡。泡泡圆，泡泡亮，圆圆泡泡真好玩儿。"

4）在活动中多鼓励宝宝进行跑动，并比一比谁戳的泡泡多。

◎ 小贴士：如果宝宝对吹泡泡感兴趣，教师可以教宝宝吹泡泡的游戏方法，鼓励其自己吹，并让教师来追泡泡、戳破泡泡。

（2）跳远

★ **活动1：小兔子，蹦蹦跳**

活动目标： 宝宝能够上下肢配合活动，完成屈膝蹬腿向前跳跃的动作

活动准备： 小兔子图形，小兔子头饰

活动过程：

1）教师在地上每隔一步（宝宝的步幅）贴一个小兔子的图形。

2）教师指导宝宝掌握向前跳的动作，并示范：双膝屈曲约90°，双臂向后伸直，躯干向前微屈，起跳时，双腿用力蹬地，双臂向前向上伸直；落地时，双膝屈曲，双臂向下伸，双脚再着地，并且保持身体平衡稳定。

3）教师给宝宝都戴上小兔子头饰，并播放欢快的音乐。

4）宝宝站在横线后，教师发出"我们来学小兔蹦蹦跳"的指令后，带领宝宝像小兔子一样向前跳到小兔子的图形上。

图3-9 教师正指导宝宝做起跳动作，宝宝手臂向后伸直，躯干向前微屈

◎ **小贴士：**

1）当宝宝向前跳跃有困难时，可先带领宝宝进行原地跳练习。

2）对于下肢活动能力较差的宝宝，教师可辅助其进行屈膝、蹬腿的简单训练。

★ **活动2：小青蛙，找妈妈**

活动目标： 宝宝能够上下肢配合活动，熟练完成跳跃动作

活动准备： 荷叶图形，青蛙头饰等

活动过程：

1）教师在地上每隔一步（宝宝的步幅）贴一个荷叶的图形，荷叶形成一个曲线图形，在图形的终点贴上青蛙妈妈的图案。

2）教师和宝宝都戴上青蛙头饰，教师告诉宝宝：我们要跳过这些荷叶，找到青蛙妈妈。

3）要求宝宝沿着荷叶的方向进行跳跃活动，起跳时用力蹬地，向前上摆臂；落地时屈腿全蹲，保持平衡。

4）可在活动中播放轻松的音乐，增加活动的趣味性。

◎ **小贴士**：根据宝宝的活动情况变化难度，注意观察能力较弱宝宝的活动情况，并给予适当的鼓励和帮助。

（3）往下跳

★ **活动1**：勇敢向下跳

活动目标：宝宝能够向下跳

活动准备：波波池

活动过程：

1）教师先带领宝宝站到波波池旁，引起宝宝想到里面玩儿的兴趣。

2）教师在波波池旁做出接应动作，鼓励站在台阶上的宝宝勇敢跳进波波池中。

3）待宝宝在波波池中玩耍一会儿后，教师可带领宝宝再次练习跳入波波池的动作。

图 3-10.1　教师带领宝宝站在波波池旁

图 3-10.2　宝宝在教师的辅助下跳进波波池

◎ 小贴士：

1）宝宝初次向下跳时，教师要多鼓励，并给宝宝足够的安全感，使其克服恐惧，完成向下跳的动作。

2）当同时训练的宝宝过多时，教师要注意宝宝在波波池中的安全并避免宝宝在跳下波波池时撞伤其他宝宝。

★ **活动 2：袋鼠向下跳**

图 3-11　宝宝站在台阶上，双膝微屈，双脚并拢做准备动作，教师在一侧辅助指导

活动目标： 宝宝能够协调上下肢，掌握向下跳的动作技能

活动准备： 袋鼠头饰，矮台阶

活动过程：

1）教师与宝宝学小袋鼠，玩儿向下跳的游戏。

2）教师站在台阶上示范向下跳的动作要领：双膝微屈，双臂微屈并向后伸展，双脚并拢；落地时双膝微屈，双臂向前运动，双脚同时着地。

3）指导宝宝模仿教师的动作，站在台阶上向下跳。

4）宝宝起跳时，教师需要协助宝宝保持身体平衡，防止宝宝摔倒。

◎ **小贴士：**

1）初练时，不宜选择太高台阶，宝宝向下跳时，教师要随时注意，以免其摔倒。

2）对于向下跳跃有困难的宝宝，教师可先训练其迈步下台阶。

3）在平日生活中，在保证安全的情况下，多鼓励宝宝进行向下跳练习，如跳楼梯的台阶等。

（4）跳舞

★ **活动1：跟着音乐跳跳舞**

活动目标： 宝宝能够随着音乐的节奏自由地摆动身体

活动准备： 欢快的歌曲

活动过程：

1）宝宝们站在活动室里，相互之间有一定的距离。

2）教师播放宝宝喜爱的较欢快的歌曲，跟宝宝说："我们一起来跳舞吧！"

3）宝宝在教师的带领下按照自己喜欢的方式随意摆动自己的身体。

◎ **小贴士：**

1）教师在活动中要和宝宝有互动，比如牵手一起跳，或者模仿宝宝跳舞的姿势等，让宝宝在一个放松愉悦的状态下摇摆自己的身体。

2）在活动中，教师也可以有意识地带领宝宝做一些伸展手臂、踢腿、扭腰、拍手的动作，使宝宝达到协调放松的状态。

★ **活动2：请你跟我这样做**

活动目标： 宝宝能够按指令和节奏模仿教师的动作

活动准备： 有节奏的歌曲

活动过程：

1）宝宝们站在活动室里，相互之间有一定的距离。

2）教师向宝宝提出要求："我们今天还来学习跳舞，但是这次你们必须和我跳的动

作一样，我说'请你跟我这样做'并做动作，你们就说'我就跟你这样做'并模仿我的动作好吗？"

3）教师先说"请你跟我这样做"并做拍拍手（踢踢腿，叉叉腰等）的动作，带领宝宝回答"我就跟你这样做"并模仿教师拍拍手（踢踢腿，叉叉腰等）。

图 3-12　教师和宝宝面对面站立，教师叉腰，宝宝模仿

◎ 小贴士：

1）活动中要求宝宝模仿的动作要先由简单开始，再慢慢增加难度，并在宝宝模仿时跟他们一同回答并做动作。
2）待宝宝能较准确地掌握节奏和模仿动作时，教师可将简单的动作串联成一个舞蹈，引导宝宝学习，表演。
3）提示宝宝注意教师的镜面示范。

【单元评估】

发展目标	通过标准	完成情况			起始日期	结束日期	备注
		不会	会一点	全会			
跑	宝宝能在跑步中保持身体平衡						
跳远	宝宝能够上下肢配合活动，完成屈膝蹬腿向前跳跃的动作						
往下跳	宝宝能够从较矮台阶上跳下来						
跳舞	宝宝能够跟着音乐有节奏地摆动肢体						

一 运动技能

（二）精细动作能力

2~3 岁的宝宝，手部的活动能力逐渐增强，能够初步使用蜡笔涂色、画直线、画圆圈等；手眼协调能力也进一步提高，能够做穿珠子的活动；能够用橡皮泥捏出简单的形体，以及将积木组合成城墙、小火车等形状。2~3 岁的发展迟缓宝宝虽然精细动作能力落后于普通宝宝，但是经过教学和训练之后，也能获得显著的提高。本单元从用笔画东西、转动物体等抓握动作，捡起小的东西、翻书等手指对捏取物，以及有规则地堆东西、对折物体等协调动作三个训练点展开，期望通过各种活动、游戏提升宝宝的手部活动能力。

1. 抓握动作

（1）用笔涂鸦

★ **活动 1：涂气球**

活动目标： 宝宝能够掌握基本的握笔姿势，并能够将笔放在中线位置画

活动准备： 画有空白气球图案的纸张，较粗的图画笔或三角笔（利于宝宝抓握）

活动过程：

1）教师让宝宝坐在小桌边，在桌上放上纸和笔，纸上画有气球图形。
2）教师教授宝宝正确的握笔方法。
3）教师要求宝宝保持身体平衡，在良好坐姿下准备开始涂鸦。
4）教师先做示范将纸上的气球涂上红色，然后鼓励宝宝也将气球涂上自己喜欢的颜色，并尽量要求宝宝把颜色涂在气球的轮廓内。

图 3-13.1　教师坐在宝宝后边，一手帮助宝宝压着纸张，一手指导宝宝握笔，宝宝右手执笔，手指内旋握笔

图 3-13.2　宝宝自己画画

◎ 小贴士：

1）如果宝宝握笔有困难，教师可以握着宝宝的手帮助其握笔，让宝宝按自己的意愿画。
2）对于不能用手固定纸张的宝宝，教师可以用夹子或胶水将纸固定在画板上，教师协助宝宝一只手固定身体，另一只手握笔。
3）待宝宝手部活动能力较强时，教师可以辅助宝宝用拇指、食指、中指拿笔。

★ **活动 2：涂水果**

活动目标： 宝宝能够在用笔时手眼协调，并能将颜色较准确地涂在指定位置

活动准备： 画有水果轮廓图案的纸张、较粗的图画笔或三角笔（利于宝宝抓握）

活动过程：

1）教师让宝宝坐在小桌边，在桌上放上纸和笔。纸上画有苹果（梨、香蕉、西瓜等）的轮廓。
2）带领宝宝指认水果（苹果）及其颜色（红色）。教师说，我们一起把苹果涂上红色好不好？
3）教师要求宝宝保持身体平衡，在良好坐姿下准备开始涂鸦。
4）教师先做示范挑出红色的彩笔，然后把颜色涂在苹果的轮廓内。
5）鼓励宝宝也从彩笔里挑出红色的，并把颜色涂在苹果的轮廓内。
6）待宝宝完成后，可继续练习涂鸦其他颜色和轮廓的水果。

◎ 小贴士：

1）水果的轮廓的大小应根据宝宝的涂鸦水平进行调整。

一　运动技能

2）当宝宝不能正确指认颜色时，教师可帮助其找到，并进行颜色教学。
3）待宝宝能较自主地握笔涂鸦时，可逐渐训练宝宝模仿画直线、斜线、圆形等简单的图形。

(2) 转动物体

★ **活动1：拧瓶盖儿**

图 3-14.1　教师坐在宝宝身后，一手帮助宝宝握住瓶子，一手帮助宝宝捏住瓶盖儿，转动腕关节

图 3-14.2　宝宝将瓶盖儿拧开

活动目标：宝宝能够双手配合活动，一手固定物件，另一手操作完成拧瓶盖儿动作

活动准备：空矿泉水瓶子

活动过程：

1）宝宝坐在地毯上，教师将矿泉水瓶子外面的包装纸撕下来，让矿泉水瓶透明。

2）教师晃动装有小珠子的瓶子，使其发出声音，吸引宝宝的注意力。

3）教师指导宝宝一手握住瓶子，另一只手捏住瓶盖儿（最好能够用前三指抓握），转动腕关节，将瓶盖儿拧开。

4）鼓励宝宝将瓶子里的珠子倒出来，再一个一个捡进去，使宝宝有成就感。

5）如宝宝掌握程度较好，还可对其进行拧回瓶盖儿训练。

◎ 小贴士：

1）宝宝在操作时，要保持身体平衡。如果宝宝不能稳定身体，教师要帮助其固定髋关节。

2）教师依据宝宝的能力，让宝宝将瓶子放在垫子上固定或者拿起来握住。

3）如果宝宝手部对指能力较低，教师可以选择较大的瓶盖儿，便于宝宝抓握。

4）如果宝宝视觉有问题，教师要帮助宝宝一起做，待宝宝掌握后，再让其自己操作。

★ **活动2：我爱喝饮料**

活动目标：宝宝能够双手配合活动，独立完成拧瓶盖儿动作

活动准备：装有饮料的塑料瓶子

活动过程：

1）宝宝围坐在桌子前，教师将饮料瓶拿出，吸引宝宝的注意力。

2）教师提问宝宝：你们想喝饮料吗？好喝的饮料我们只要把瓶盖儿拧开就可以喝到了。

3）教师示范把饮料瓶拧开，并做喝饮料状"好好喝啊"!

4）引导宝宝一手握住瓶子，另一只手捏住瓶盖，转动腕关节，将瓶盖儿拧开。

5）对将瓶盖儿拧开的宝宝进行表扬，并把饮料倒入小杯中给宝宝品尝作为奖励。

6）鼓励宝宝试着把瓶盖儿拧回，再次进行拧瓶盖儿动作。

◎ 小贴士：

1）应选择较小的饮料瓶，且瓶中的饮料不要超过瓶子容量的三分之一，以免宝宝将饮料洒落。

2）对完成有困难的宝宝，教师要适时给予帮助，并奖励饮料品尝，鼓励其再次进行拧瓶盖儿尝试。

【活动评估】

发展目标	通过标准	完成情况			起始日期	结束日期	备注
		不会	会一点	全会			
用笔涂鸦	宝宝能掌握正确的握笔姿势，并能在教师指定的位置涂鸦						
转动物体	宝宝能够双手配合活动，一手固定物件，另一手操作完成拧瓶盖儿动作						

2. 手指对捏取物

★ **活动1：数珠子**

活动目标： 宝宝能够对指将珠子捡起来

活动准备： 杯子或者空矿泉水瓶子（教师可以在上面贴上鲜艳的彩条），积木块或玩具珠子

图 3-15 宝宝用前三指捡起积木块放到杯子里

活动过程：

1）宝宝坐在小桌前，桌上放空矿泉水瓶子、玩具珠子。

2）教师示范用手指将珠子捡到瓶子里。

3）教师鼓励宝宝进行模仿：保持身体平衡，一手握住瓶子，另一只手用前三指捡起珠子放到瓶子里。

4）教师与宝宝一起比一比谁捡得又快又好。
5）捡完珠子后，教师协助宝宝拧好瓶盖儿，将瓶子举起来，当作小铃铛摇一摇。
6）教师与宝宝一起唱《小铃铛呀摇呀摇》：

小朋友呀摇铃铛，
摇呀摇呀摇呀摇。

◎ 小贴士：

1）如果宝宝坐不稳，教师可以在后面扶住宝宝的髋部。
2）上肢比较紧张的宝宝，不能伸展手臂摇铃铛，教师要给予协助。

★ **活动 2：一手同时捡起两个小东西**

活动目标： 宝宝能一手同时捡起两个小物品

活动准备： 小糖果、小玩具等各种宝宝喜欢的小东西

活动过程：

1）教师带宝宝围坐在小桌前，桌上放着各种宝宝喜欢的小东西。
2）教师先示范一手同时捡起两个小东西，多做几次，然后鼓励宝宝模仿。
3）刚开始时，教师可以先让宝宝握住一样小东西，再把另外一样小东西放在宝宝的手里，然后用力包住宝宝的手握紧，帮助其把东西紧握在手里。
4）等宝宝可以握住两个小东西后，教师让宝宝练习自己同时抓拿两个小东西在手上。

图 3-16　桌上放着小玩具，宝宝用一只手同时捡起两个小东西

◎ 小贴士：

1）平常可以多让宝宝练习去抓拿一些小玩具或食物，并且常常鼓励他，让他逐渐学会用一只手抓拿两样小东西。但是，注意不要让宝宝把小玩具吞下去。
2）如果宝宝的姿势不好控制，常常晃来晃去，教师要帮助其稳定身体的姿势（如扶住、抱着或是让其侧躺），这样宝宝才能专心练习抓拿的动作。
3）对于专注力很差或患视障的宝宝，练习的时候，要用颜色鲜艳、明显的小东西来吸引其注意力。教师应一边跟宝宝说东西在哪里，一边握着宝宝的手引导他去拿东西握在手里，然后再给他另一个。

（2）翻书

★ **活动1：自己翻书**

活动目标： 宝宝能用三指对捏翻书，并有有意识翻书的习惯

活动准备： 不易撕破的宝宝书

活动过程：

1）教师为宝宝选择不易撕破的书籍，图书要色彩鲜艳、内容有趣。
2）教师引导宝宝去翻书，去看书中他所认识的小动物图画，以引起宝宝的兴趣。
3）教师可以先将书翻开一角，然后再指导宝宝用手的前三指捏住书页，活动手腕，将书页向一侧移动，完成翻书动作。
4）当宝宝基本掌握翻书要领时，教师鼓励宝宝自己翻书，比如当宝宝翻到"小兔子"这一页时，立即给予鼓励："小兔子找到了。"并讲述有关小兔子的故事。
5）当宝宝对某本书不感兴趣时，可引导其去翻看其他的书，游戏可反复进行。

图 3-17　宝宝坐在桌子前翻书

◎ **小贴士**：教师要经常为宝宝提供图书，使宝宝有自己翻书的机会。宝宝起初可能只会把书打开、合上，渐渐地就会一次翻几页。这一阶段主要是培养宝宝翻书的兴趣。

★ **活动2：翻书听故事**

活动目标：宝宝能够按要求有意识地翻书

活动准备：不易撕破的宝宝故事书

图 3-18.1　书翻开放在桌上，教师给宝宝讲书上的故事

图 3-18.2　宝宝手拿着其中一页正在翻页

活动过程：

1) 宝宝坐在教师的腿上或者垫子上，教师把故事书放在宝宝的面前。
2) 教师告诉宝宝：今天我们要讲一个非常有趣的故事。同时引导宝宝观看故事书的封面，吸引宝宝的兴趣。
3) 教师可以先翻开书的第一页开始讲，待讲完时，引导宝宝去翻书的下一页，再继续讲下面的故事。
4) 待一页又讲完时，教师可以停下来，微笑看着宝宝，等其翻书，如宝宝还无意识，可以适当提示："该翻下一页咯！"
5) 当宝宝已懂得讲完一页故事要翻书时，可以让宝宝自己挑故事，由教师来讲作为奖励。

◎ **小贴士：** 当宝宝能较熟练地掌握翻书动作时，可为宝宝多提供各类书籍，继续培养其看书的好习惯。

【活动评估】

发展目标	通过标准	完成情况			起始日期	结束日期	备注
		不会	会一点	全会			
捡起小的东西	宝宝能够对指将珠子捡起来						
翻书	宝宝能够三指对捏翻开图书						

3. 协调动作

(1) 有规律地堆东西

★ **活动1：堆积木**

活动目标： 宝宝能够三指对捏拿、堆积积木

活动准备： 积木

活动过程：

1) 教师带宝宝围坐在小桌前，积木用小筐装着放在桌上。
2) 教师示范用前三指捏取积木块，置于桌面上，再捏取第二块积木压在第一块积木上，陆续从下到上堆积木。
3) 教师鼓励宝宝进行模仿，尽量用前三指对指拿积木，一块一块将积木搭起来。
4) 或是将积木在桌子上一字排开，再从第二层开始堆积积木做成一面积木墙。

图 3-19.1　宝宝用前三指捏取积木块，并依次堆叠在一起

图 3-19.2　宝宝捏起积木块

◎ 小贴士：

1）教师鼓励宝宝用双手配合完成，在活动中宝宝要保持身体平衡。

2）教师可以协助宝宝用不同形状的积木堆积城堡等，以增加趣味性。

★ **活动 2：叠罗汉**

活动目标： 宝宝能够三指对捏拿玩具并有规律地堆积

活动准备： 叠罗汉玩具

活动过程：

1) 教师带宝宝围坐在小桌前，叠罗汉玩具用小筐装着放在桌上。
2) 教师示范，可以把一块一块的玩具慢慢堆起来，越堆越高。
3) 教师鼓励宝宝进行模仿，尽量用前三指对指拿玩具，将玩具一块一块堆起来。
4) 让宝宝相互比一比，看谁的罗汉叠得最高。

◎ **小贴士：**

1) 教师可以从最简单的三块大小不一的叠罗汉玩具让宝宝堆起。
2) 对程度较好的宝宝，教师还可以要求其观察玩具的大小，将玩具由大到小堆叠起来。

(2) 对折物体

★ **活动1：我会叠毛巾**

活动目标： 宝宝能独立自主地折叠简易物品（如毛巾、手帕、纸张等）

活动准备： 整洁的宝宝毛巾

活动过程：

1) 教师在宝宝吃饭前辅导其用毛巾擦手，然后引导宝宝将毛巾对折整齐。"我们一起把毛巾折起来好不好？"
2) 教师为宝宝示范基本的折叠动作，然后指导宝宝两手捏住毛巾的两端将其对折成长方形；再转动长方形，两手捏住两端再次对折为正方形。

图 3-20.1　教师两手捏住毛巾的两端将其对折成长方形

图 3-20.2 宝宝模仿折叠毛巾

3）刚开始练习时，教师可以用相同的毛巾和宝宝一起折，让宝宝模仿折叠动作。

4）折好毛巾后，教师指导宝宝将毛巾放到指定的位置。

5）待宝宝能较熟练地掌握折叠动作后，可让其练习折小手帕、纸张等。

◎ **小贴士**：教师还可以在折叠的过程中，一边折一边让宝宝观察形状的变化，让宝宝初步认识几何图形，同时掌握一些基本的生活技能，培养其动手能力。

★ **活动 2：折纸**

活动目标：宝宝能够将正方形的纸张对折再对折

活动准备：正方形的彩纸若干

活动过程：

1）让宝宝都围坐在桌子前，教师拿出做好的小人儿（见右图），吸引宝宝的注意力。

2）教师为宝宝示范如何做小人儿：将正方形的彩纸呈三角形对折再对折，再在纸的侧面画上眉毛、眼睛和嘴巴，看，小人儿就做好了，你们想不想做啊？

3）给宝宝每人发一张彩纸，指导宝宝捏住纸张的一角将其对折，再捏住一角再对折。

4）待宝宝都折好后，发给宝宝每人一只彩笔，指导其在折好的纸上画上眉毛、眼睛、嘴巴，并比一比，看谁画得好。

一 运动技能

◎ 小贴士：

1）教师可以让宝宝一边折纸一边观察纸的形状的变化。

2）当宝宝兴趣较浓时，教师可带领宝宝多折几张，并画上不同的人物表情。

【活动评估】

发展目标	通过标准	完成情况			起始日期	结束日期	备注
		不会	会一点	全会			
有规律地堆东西	宝宝能三指对捏拿积木并堆积2~3块						
对折物体	宝宝能独立自主的将物品对折						

二 语言能力

2~3岁是儿童语言发展的关键期，此年龄段的宝宝变得特别乐于说话，词汇量迅速增加。2~3岁的宝宝基本上能说100个词，会说完整的句子，能用简单的复合句来表达意愿。能基本理解常用的字词，并可以进行看图说话并进行提问。有的宝宝能讲短小的故事，也有的宝宝会正确使用人称代词。发展迟缓的宝宝在语言表达整体能力上可能不如普通宝宝，在具体的语言能力方面也会表现出多样的差异。在训练中，要注意根据发展迟缓宝宝状况的不同，采用不同的方法。

1. 语言学习

(1) 说出身体的部位名称

★ 活动1：认识五官

活动目标： 宝宝能正确表达和指认自己的眼睛、鼻子、嘴巴、耳朵、眉毛

活动准备： 各类卡片、玩偶

活动过程：

1）和宝宝做"小手拍拍"的游戏，带领宝宝指认自己的五官：

> 小手小手拍拍，
> 手指伸出来，
> 鼻子（眼睛、耳朵、眉毛、嘴）在哪里？
> 用手指出来。

2）带领宝宝认识五官的功能。
   我们的眼睛、鼻子、嘴巴、耳朵、眉毛都有些什么作用呢？
   嘴巴的作用是什么？教师示范：说话，吃东西等。
   鼻子的作用是什么？教师示范：闻气味。
   耳朵的作用是什么？教师示范：听声音。
   眼睛的作用是什么？教师示范：看东西。
   眉毛的作用是什么？教师示范：表达情绪。
   结合食物、音乐等让宝宝逐个体会五官的功能，加深宝宝对五官功能的认识。

3）教师拿出小玩偶，让宝宝指一指，娃娃的五官在哪里呢？

★ 活动2：认识身体

活动目标： 宝宝能正确地表达和指认自己的头、手、脚、躯干等身体部位

活动准备： 各类卡片、玩偶

活动过程：

1）认识身体部位：我们的身体有好多不同的部位，它们都有不同的作用，我们都来认识认识它们好不好？①圆圆的，长在身体最上面的是我们的头，头上长着头发，还有眼睛、鼻子、嘴巴、耳朵、眉毛。②能灵活地动来动去、长着十个手指头的是我们的手，它能洗脸、刷牙、穿衣服、写作业，帮我们干好多好多的活儿。

③长长的、老是走来走去的是我们的脚，它能带我们去好多好多地方。④能扭扭的是我们的躯干，头、手、脚都长在它的上面。教师一边介绍身体部位，一边带领宝宝体会各个身体部位的功能，做摆头、甩手、踢腿、扭身体的动作。

2）播放《幸福拍手歌》，让宝宝随着音乐的节奏和歌词的内容，动动、拍拍自己的各个身体部位，并轮流上台表演。

3）画一画：教师提供一个身体轮廓的图片，让宝宝在对应的地方画上身体的部位，看看宝宝对自己身体的了解程度到底有多少。

（2）说出100个左右的词

★ 活动1：表达感受

活动目标： 宝宝能主动用词说出自己的感受

活动准备： 调味瓶，小勺，（甜、咸、凉、烫）调味料或食物

活动过程：

1）教师把调味瓶放在桌上，引导宝宝尝"甜"、"咸"两种味道，并教宝宝学说"甜"、"咸"这两个形容词。

2）让宝宝接触热水，并问："水热，是吗？"当宝宝尝到较凉的食物时，可以马上说："凉了，对吗？"多次重复，让宝宝理解"凉"、"热"这两个形容词的意义。

3）在日常生活中多创设环境，让宝宝运用学到的"甜、咸、凉、热"这四个形容词。比如宝宝在吃糖的时候，可以问："你在吃什么呢？""味道怎么样？"引导宝宝对"甜"这个词进行表达。

★ 活动2：它们在干什么？

活动目标： 宝宝通过模仿小动物，能掌握简单的动词，如滚、跳、飞、游、跑等

活动准备： 小刺猬、小白兔、花蝴蝶、小金鱼头饰或图片各一，字卡"滚"、"跳"、"飞"、"游"、"跑"

活动过程：

1）教师和宝宝一起看图片，并让宝宝说一说图片上都有哪些小动物，它们分别在做什么。

2）教师边念边表演儿歌《它们在干什么？》。

3）教师和宝宝可戴动物头饰来表演，一起念儿歌并模仿动作，同时拿出相应的字卡教宝宝之指认：

小刺猬，滚来滚去；

小白兔，跳来跳去；

花蝴蝶，飞来飞去；

小金鱼，游来游去；

小朋友，跑来跑去。

4）教师可采用问答的方式教宝宝学习，比如，教师说："小刺猬——"宝宝答："滚来滚去。"

◎ 小贴士：

1）2~3岁的宝宝基本上能说100个词，教师应多创设类似上述活动中的情景，让宝宝将其会说的词进行反复理解和表达。

2）对宝宝来说，形容词比名词、动词难理解，教师在日常生活中要多增强宝宝感知方面的体验和训练。

（3）会说5~7个字的句子

★ **活动1：我在做什么？**

活动目标： 宝宝能根据情景说出一句完整的话

活动准备： 画有小朋友洗脸、刷牙、穿衣服的图片

活动过程：

1）教师做刷牙、洗脸的动作，让宝宝猜，并说出完整的话。

"我在做什么？""老师在刷牙（洗脸）。"

2）给宝宝看图："看，小朋友在干什么？"让宝宝看图学习说话："小朋友在洗脸（刷牙、穿衣服）。"

3）教师再提问宝宝："你在做什么？""我在看图书。"

4）如此反复练习，运用生活中的场景再配合类似的图书，引导宝宝进行语句表达练习。

★ **活动2：过家家**

活动目标： 通过游戏情景，宝宝能主动跟人表达与交流

活动准备： 过家家玩具

活动过程：

1）教师布置好一个过家家场景，带领宝宝一起进行角色扮演。

2）带领宝宝进行角色分配："你想扮演什么角色呢？爸爸、妈妈还是宝宝？"让宝宝根据自己的喜好进行选择。

3）让宝宝自己根据角色进行对话和表演，

如："我们来做饭吧？""好啊！"

"做什么菜呢？""西红柿炒鸡蛋。"

4）待玩儿一会可进行角色对换，鼓励宝宝多进行自由发挥。

◎ 小贴士：在宝宝过家家的过程中，教师应尽量减少参与，但可以在适当的时候给宝宝以提示，如："快中午了，你们要做饭了吗？""谁来洗菜，谁来炒菜呢？"等等。

（4）看图说话

★ 活动1：图中有什么？

活动目标：宝宝能正确说出图中有什么

活动准备：画有太阳、绿草、大树的图片

活动过程：

1）教师和宝宝一起看图片："快看，你看这是什么？"让宝宝指着图片中的太阳、小草、大树，并一一说出来。

2）引导宝宝观察这些物体的特征。

3）在观察的同时，教宝宝说："红红的太阳、绿绿的小草、高高的大树。"

★ 活动2：画上有谁？

活动目标：宝宝能看图说一句完整的话，并能正确使用动词

活动准备：画有"小鱼在水里游，小鸭在水里游，小鸟在天上飞，飞机在天上飞"的图片若干

活动过程：

1）教师让宝宝看图画：

"快看，这儿有一幅漂亮的图画，上面有谁？"

"小鱼，小鸭子，小鸟，飞机。"

"它们在干什么呢？"（小鱼、小鸭在水里游，小鸟、飞机在天上飞。）

2）引导宝宝看图说话，并练习说出完整的句子：小鱼在水里游。小鸭在水里游。小鸟在天上飞。飞机在天上飞。

3）在练习看图说话时，教师还可以和宝宝一起模仿"飞"和"游"的动作，加强宝宝对动词"飞"和"游"的理解。

(5) 会说物品的用途

★ 活动 1：小牙刷

活动目标： 宝宝能认识牙刷，知道牙刷是用来刷牙的

活动准备： 宝宝牙刷、图卡等

活动过程：

1）教师拿一把牙刷给宝宝看，让宝宝认识："这是牙刷，是刷牙用的。牙齿好，小朋友们吃饭就香了。"

2）教师拿着牙刷做刷牙的动作："小朋友，看老师在干什么？""老师用什么刷牙呢？"让宝宝进一步认识牙刷。

3）发给宝宝每人一个干净的牙刷，带领宝宝一边做动作，一边学习儿歌《小牙刷》：

> 小牙刷，手中拿，
> 里里外外，上上下下，
> 刷呀刷，刷呀刷，
> 牙齿洁白人人夸。

★ 活动 2：认识杯子

活动目标： 宝宝能认识杯子，知道杯子是用来喝水的

活动准备： 宝宝杯子，布

活动过程：

1）教师用布盖住杯子，让宝宝通过触觉来感知杯子的特征（有把手，圆圆的）。

2）教师说："你们摸一摸，它是什么样的？它硬硬的，是圆柱形的，上下一样粗。"

3）待宝宝把杯子的特征明确地感受到时，把布去掉，让宝宝看杯子，并重新了解一下它的特征，看看和摸到的是否一样。

4）让宝宝了解杯子的用途，知道它可以用来喝水、喝果汁等。

5）教师发给宝宝每人一个水杯，带领宝宝模仿用水杯喝水，并一边学习儿歌《小水杯》：

> 小水杯，小手把，
> 圆圆身体肚子大，
> 我们喝水都用它。

(6) 会使用人称代词：我、他、你、我们、你们、他们

★ **活动 1：说清你、我、他**

活动目标： 会正确使用人称代词你、我、他

活动准备： 班上宝宝及教师的照片等

活动过程：

1）教师先出示宝宝及教师的照片，吸引宝宝的参与兴趣。

2）教师先拿出自己的照片进行示范：

（指着照片）"这是谁？"

（教师拍拍自己）"这是我。"

3）依次拿出宝宝的照片，让宝宝练习"这是我"的句式表达。

4）拿出其中一个宝宝的照片，问："这是谁？"

引导照片的小主人回答："我"，其他宝宝手指向这名宝宝回答："这是他。"

教师进一步提问照片的小主人"你是谁"。宝宝回答："我是——"。

5）换张照片，变化提问让宝宝反复练习表达你、我、他。

◎ **小贴士：**

1）人称代词的使用对于宝宝来说很困难，需教师反复教学和训练才能达到效果。

2）当宝宝能正确地用你、我、他进行表达时，可进一步引入复数的概念，让宝宝学习理解和表达我们、你们、他们。

(7) 理解成对反义词

★ **活动 1：认识大和小**

活动目标： 宝宝能初步理解大和小的含义，并能尝试表达

活动准备： 各类大、小实物

活动过程：

1）实物感知。

教师准备各类一大一小的实物（对比明显），带领宝宝指认并描述（如：这两个是球，一个大，一个小）。教师讲解：大和小是一对意思相反的词。

2）吹泡泡游戏。

教师和宝宝牵手围成一个圈儿，一边转圈儿一遍说：吹泡泡，吹泡泡，吹成一个大泡泡（牵手形成一个大圆）；吹泡泡，吹泡泡，吹成一个小泡泡（牵手缩成一个小圆）。

3）描述大小。

　　a）肢体表达

　　①教师示范：把身体伸展开来，用双手在胸前挥成一个大圈儿，这就是"大"。带领宝宝一起做表示"大"的动作，并同时说出"大"。

　　②教师示范：把身体缩小，蹲下，双手在胸前抱拳，这就是"小"。带领宝宝一起做表示"小"的动作，并同时说出"小"。

　　b）大气球、小蚂蚁游戏

　　带领宝宝照着指令做动作：我要变成一个气球，大大的气球（比划大），我要变成一只蚂蚁，小小的蚂蚁（比划小）。待宝宝练熟后，可要求其轮流上台表演，巩固其对于"大"、"小"的认识。

★ **活动2：认识长和短**

活动目标：宝宝能区分长和短，并能尝试表达

活动准备：松紧绳一根（不要太长），长短实物若干（如长短纸条各一张、长短笔各一支）

活动过程：

1）教师手里拿着松紧绳，让宝宝观察绳子的长短，并认识松紧绳。

2）教师和宝宝面对面站着，教师把松紧绳的两端抓在手中，再慢慢拉长，让宝宝观察和刚才看见的绳子有什么不同，并和宝宝一起说出"绳子变长了"。然后慢慢松手，让宝宝说出"绳子变短了"。反复拉动松紧绳，和宝宝一起说"长"与"短"。

3）出示一长一短两支笔，让宝宝看，并说出哪支笔长，哪支笔短，同时认识"长"和"短"（在教宝宝说"长"和"短"时，注意口形要夸大，以加深其印象）。

4）让宝宝在屋子里找长短不一的物品，同时练习说"长"和"短"。

◎ **小贴士**：

1）成对反义词的学习对宝宝来说会有些难度，教师应在教学中多运用实物感知、肢体活动等方式，帮助宝宝从多感官的角度来学习理解。

2）参照以上的活动方式，教师还可以带领宝宝进行各类成对反义词学习，如冷—热，厚—薄，粗—细，高—矮，上—下，胖—瘦，黑—白等。

【活动评估】

发展目标	通过标准	完成情况			起始日期	结束日期	备注
		不会	会一点	全会			
说出身体的部位名称	宝宝能正确表达和指认五官						
	宝宝能正确表达和指认头、手、脚、躯干等身体部位						
说出100个左右的词	宝宝能主动用词说出自己的感受						
会说5~7个字的句子	宝宝能根据情景，说出一句完整的话						
看图说话	宝宝能看图说一句完整的话，并能正确使用动词						
会说物品的用途	宝宝能认识生活中常见的物品，并说出物品的用途						
会用人称代词：我、他、你、我们、你们、他们	宝宝会正确使用人称代词你、我、他						
理解成对反义词	宝宝能初步理解反义词的含义，并能表达						

2. 语言理解

（1）懂得自己的姓和名

★ **活动1：我"叫——"**

活动目标： 能说出自己的姓和名

活动准备： 写好宝宝姓名的文字卡片

活动过程：

1）教师出示宝宝姓名的文字卡片，请宝宝们观察。

2）教师告诉宝宝：这是写有你们名字的卡片。

3）教师告诉宝宝：你名字的第一个字是你的姓，后面的字是你的名，请宝宝反复辨认练习。

4）轮流对每位宝宝做"叫名字游戏"，也让他们对别人的名字有所认识。

5）带领宝宝做开门—关门游戏：
   进来一位小朋友，做敲门状。

二　语言能力

全体宝宝：你是谁呀？

进来的宝宝：我是 XXX。

◎ **小贴士**：由于宝宝的理解能力不是很强，教学中会遇到困难，教师需耐心反复指导。

★ **活动 2：点名应答**

活动目标：能明白教师点的是谁的名字，并做出正确应答

活动准备：写好宝宝姓名的文字卡片

活动过程：

1）教师与宝宝围坐在桌前。

2）教师告诉宝宝：我们今天来做点名应答的游戏，当老师叫到谁的名字时，谁就站起来回答"到"，好不好？我们看看谁能回答得又快又好。

3）教师拿出一个宝宝的名字卡片，并点名："XXX"。

宝宝起来回答："到！"

4）教师依次点名，当有宝宝没有反应时，教师可以问其他宝宝："我叫到谁了呢？"让其他宝宝指出这名宝宝，并指导他应答。

5）待宝宝对这个活动较为熟练时，教师可也让宝宝相互间进行点名应答。

◎ **小贴士**：教师可以把这个活动运用到每个课堂的开始，作为常规教学对宝宝进行训练。

（2）会用"要"和"不"

★ **活动 1：我要**

活动目标：宝宝能用"要"字表达要求（用"要"造句）

活动准备：水杯、笔、纸等

活动过程：当宝宝有需求时，教师要求他们用"要"字表达。

如：我要喝水（吃饭、睡觉）。

我要玩玩具（画画、做手工）。

我要去上厕所（上街、买东西）。

◎ **小贴士**：由于宝宝年龄小，也许不会用"要"字表达，教师可做示范。说话不完整的宝宝需反复练习。

★ **活动 2：我不**

活动目标：宝宝会使用"不"字表达拒绝

活动准备：笔、纸等

活动过程：

1) 教师示范当拒绝做某事的时候，边说"不"边左右摆手。
2) 请宝宝用"不"字组句，并配合肢体动作。
   如：我不睡觉。
   　　我不画画。
   　　我不喝水。

◎ 小贴士：在日常学习生活中，教师要常引导宝宝用"不"来表达自己拒绝的意愿，巩固其对"不"的理解和运用。

（3）听懂故事

★ **活动1：小蝌蚪找妈妈**

活动目标： 宝宝能听懂故事，并说出小蝌蚪的妈妈是青蛙
活动准备： 青蛙、蝌蚪的图片和头饰
活动过程：

1) 教师先念儿歌《小蝌蚪找妈妈》：

　　　　小蝌蚪，摇尾巴，
　　　　游来游去找妈妈。
　　　　妈妈、妈妈你在哪儿？
　　　　游来一只大青蛙。

2) 教师出示小蝌蚪头饰，告诉宝宝："它是小蝌蚪。看！它长了一个大脑袋，有一条长长的尾巴，在水里快活地游来游去。"
3) 让宝宝学小蝌蚪游来游去的样子，并提问：
   "小蝌蚪要干嘛呢？""找妈妈！"
   "它的妈妈是谁呢？"教师戴上青蛙头饰，并模仿青蛙叫"呱呱呱"。
   "原来是大青蛙呀！"
4) 教师和宝宝围坐在一起念儿歌《小蝌蚪找妈妈》。

★ **活动2：小猪过生日**

活动目标： 宝宝能懂得故事中的人物，并说出小猪收到了什么礼物
活动准备： 动物玩偶及一些小玩具

活动过程：

1）教师播放歌曲《生日快乐》，告诉宝宝："小猪宝宝要过生日了。"教师同时拿出小猪玩偶。

2）教师依次拿出小兔、小猫、小狗等小动物的玩偶：好多小动物朋友都来给小猪过生日，他们还给小猪送来了生日礼物，有玩具小车，有图书、有糖果等等（教师同时拿出玩具汽车、图画书、糖），"小猪过了一个非常快乐的生日"！教师引导宝宝回答问题：

"今天谁过生日呢？"

"小猪。"（让宝宝一边回答，一边指指小猪玩偶）

"都有谁来给小猪过生日了？"

"小兔，小猫，小狗。"（同时指玩偶）

"小猪都收到了什么生日礼物啊？"

"小汽车，图书，糖果。"（同时指向物品）

3）"那我们也来送礼物给小猪吧！"教宝宝送礼物给小猪，并学说："我要送你一辆小车。"然后教师模仿小猪的口气说："谢谢！"

4）教师和宝宝围坐在一起唱《生日快乐》歌。

（4）能够说出在环境中听到的声音

★ **活动1：这是什么声音？**

活动目标：宝宝能理解并说出生活中常见的声音

活动准备：各种声音素材

活动过程：

1）播放录音：鸟叫、风、雨、雷电等声音。提问：你听到了什么？你还听过什么声音？小结：自然界和人本身都会发出声音。

2）提问：谁能让屋里充满声音？引导宝宝四散，拍打室内的各种物体，使之发出声音。教师将声音录下来。

3）请宝宝听一组声音提问：你听到了什么声音？（哭、笑、拍手声）

4）播放笑、哭、拍手三种声音。提问：听到这三种声音，你想到了什么？你笑过吗为什么笑呢？依次启发宝宝联想自己有关哭、笑和拍手有关的经验。

★ **活动2：谁来了？**

活动目标：宝宝能准确分辨常见动物的声音

活动准备：录音机，录有动物叫声的磁带，绒布动物玩具若干，相对应的物品名称卡片

若干，一幅"动物王国"背景图

活动过程：这是一个听音辨物的游戏，可分两步来完成：

1）教师出示"动物王国"背景图，让宝宝指认图上的各种动物，接着放录音，让宝宝听一听是谁来了（根据叫声指出相应的动物）。

2）出示绒布动物，让宝宝认识，接着让宝宝听录音找相应的动物（以绒布动物为主）。当宝宝能熟练听出动物的叫声时，可用相应的动物名称卡片代替绒布动物。游戏可重复进行。

◎ 小贴士：

1）从图上指认动物和指认绒布动物是游戏的两个环节，目的是让宝宝打破图片与实物的界限。在游戏过程中，宝宝每指认正确一次，教师都要鼓掌表扬。同时可让宝宝学习模仿各种动物的叫声，复习并掌握动物的名称。

2）教师应该在日常生活中多增加宝宝对声音理解和模仿的训练，增强宝宝对声音的感知能力。

【活动评估】

发展目标	通过标准	完成情况			起始日期	结束日期	备注
		不会	会一点	全会			
懂得自己的姓和名	宝宝能准确说出自己的姓名						
理解"要"的含义并能表达	宝宝会使用"我要——"的句子						
理解"不"的含义并能进行表达	宝宝会使用"我不——"的句子						
听懂故事	宝宝能懂得故事中的人物，并说出小猪收到了什么礼物						
能够说出在环境中听到的声音	宝宝能理解并说出生活中常见的声音						

3. 语言交流

(1) 会打招呼

★ **活动1：小娃娃，有礼貌**

活动目标：宝宝能有礼貌，见人主动问好

活动准备：手指木偶或布娃娃，画有爷爷、奶奶的图片

活动过程：

1）教师出示玩偶娃娃，告诉宝宝："这个小娃娃，大家都喜欢他，因为他见了谁都能主动问好。"

2）出示画有奶奶的图片：

"他看到奶奶，就说：'奶奶好！'"

出示画有爷爷的图片：

"他看到爷爷，就说：'爷爷好！'"

"爷爷、奶奶喜欢他，大家都夸他是个有礼貌的好孩子呢！"

3）教师教宝宝念儿歌，并让宝宝学习做个有礼貌的好娃娃：

小娃娃，有礼貌，
见人就会问声好。
大家听了哈哈笑，
夸他是个好宝宝。

★ **活动2：我是懂礼貌的孩子**

活动目标：宝宝能主动与人说"你好"、"再见"

活动准备：玩偶

活动过程：

1）出示玩偶："小朋友，你们好！"教师引导：小玩偶在问你们好，你们应该说什么啊？教师鼓励宝宝积极参与，和大家一起说礼貌用语，让宝宝依次和小玩偶握手打招呼。

2）小玩偶要走了："小朋友，再见。"小朋友们主动和小玩偶再见。教师总结：与人见面要主动问好，分手的时候要主动说再见，这样才是个有礼貌的好孩子。

3）让别班教师配合来敲门。

教师："小朋友们好！"宝宝："老师好！"教师离开时，宝宝主动说："老师再见。"

4）让宝宝轮流表演敲门问好，练习运用"你好"、"再见"。

5）鼓励宝宝在生活中主动与人问好，打招呼，做个懂礼貌的好孩子。

（2）听故事后能回答主要情节

★ **活动1：小猫为什么哭了？**

活动目标：宝宝能安静地听完故事，并能说出故事的主要情节

活动准备：小猫、小狗头饰等
活动过程：

1）一位教师扮演小猫，另一位教师指导宝宝猜猜看："谁来了？喵喵喵。"宝宝们回答："小猫。"然后，这位教师做哭泣状说："小猫为什么哭了？让我们来听故事。"教师讲述故事《小猫为什么哭了？》：

> 一天，天气很好，小狗和小猫在草地上玩儿。小猫出门的时候忘了跟妈妈说一声。天黑了，狗妈妈接走了小狗，猫妈妈却没有来接小猫。小猫哭了，"喵喵喵"。大象伯伯听见了，赶快跑过来说："小猫，别哭了，我送你回家。"小猫家到了，猫妈妈正着急地找小猫呢！小猫说："是大象伯伯送我回来的，谢谢大象伯伯！"大象伯伯说："不用谢了。下次出去玩儿的时候，一定要跟妈妈说一声。"

2）教师和宝宝可戴头饰表演故事，让宝宝分别学小猫、小狗的叫声。
3）教师通过提问方式，使宝宝加深对故事内容的理解，如："谁和谁在草地上玩儿？""小猫为什么哭了？""最后，谁把小猫送回家去了？"

★ **活动2：小狗和小兔**

活动目标：宝宝能大致说出故事的主要情节并产生关爱他人的情感
活动准备：小狗、小兔图片等
活动过程：

1）教师出示图片："你们看，它们是谁？"
"小狗和小兔"。
教师讲述《小松鼠和小兔》的故事：

> 有一天，小松鼠和小白兔一起在草地上做游戏。突然，"滴答滴答"下雨啦！小松鼠和小白兔赶紧躲到树叶下。"轰隆隆"打雷了。"哇……"小松鼠吓哭了。小白兔连忙抱住小松鼠说："别怕，别怕，有我呢！我们两个在一起。"
>
> 雨停了，天晴了，小松鼠和小白兔又跑到草地上玩儿。它们看见不远处有一个圆圆的、红红的东西，看上去像果子一样。小松鼠说："哇，好大的苹果呀！"小白兔说："小松鼠，你吃吧。"小松鼠说："小白兔，你吃吧。"
>
> 最后，小白兔说："我们大家一起吃吧。"它们走了过去，低下头刚要吃时，突然哈哈大笑起来——原来地上是个红皮球，不是红苹果。

2）教师提问："故事里面有谁呀？""下雨了，谁哭了？谁又来保护它？"

3）教师复述故事若干遍，教育宝宝学习松鼠和白兔团结友爱、相互谦让的好品质。

4）待宝宝熟悉故事后，可让宝宝来扮演故事中的角色，和教师进行对话练习。

（3）会提简单的问题

★ 活动1：我会提问题

活动目标： 宝宝能主动提出一些简单的问题，能有与人交流的意愿和能力

活动准备： 各类生活场景

活动过程： 在日常的教学中创设各种场景，培养宝宝与人交流的能力，有意识地培养宝宝主动提出一些简单的问题，如：

1）会问"这是什么"？

教师组织宝宝相互模拟问答，两名宝宝一组互相提问，一名宝宝边指边提问"这是什么"？另一名宝宝回答："这是……"。

2）会问"干嘛呀"？

教师组织宝宝们准备户外活动，可请一名宝宝问："你们干嘛呀？"请其他宝宝回答："我们出去玩儿。"

3）会问"谁呀"？

教师请甲宝宝扮演客人来敲门，当听到敲门声后，乙宝宝边问边去开门，"谁啊"？甲宝宝回答："我是……"乙宝宝开门后说："是你啊，请进。"宝宝们可换位进行表演。

4）会问"去哪啊"？

宝宝们看到教师、宝宝外出会问："去哪啊？"教师或宝宝可根据实际情况回答。

★ 活动2：打电话

活动目标： 宝宝能主动提出一些简单的问题，能有与人交流的意愿

活动准备： 两部玩具电话

活动过程：

1）教师出示两部玩具电话，吸引宝宝的注意：

"你们看，这是什么？""电话！"

"那我们一起来打电话吧！"

2）教师先模仿打电话，指定宝宝来接电话，帮助宝宝熟悉游戏规则：

"你好，请问XX小朋友在吗？""我就是。"

"你在做什么呢？""我在和老师打电话呢。"

3）让宝宝模仿打电话，对教师进行提问，当宝宝不知道问什么时，教师可以提示，

如"你可以问问我最喜欢吃什么零食啊"等语句帮助宝宝进行对话。

4）最后也可让宝宝相互模仿打电话，教师在旁边提醒指导。

◎ 小贴士：这类的语言交流训练主要融合在日常生活中，教师要有意识地引导宝宝提出一些简单的问题，加强宝宝与人交流的主动性。

【活动评估】

发展目标	通过标准	完成情况			起始日期	结束日期	备注
		不会	会一点	全会			
会打招呼	宝宝会主动与人说"你好"、"再见"						
听故事后能回答主要情节	宝宝能安静地听完故事，并能说出故事的主要情节						
会提简单的问题	宝宝能主动地提出一些简单的问题						

二 语言能力

225

三 认知能力

　　2岁以后宝宝的各种感觉运动行为开始内化成表象或形象思维，对其认知能力训练的重心可向记忆力及思维能力方面转移，训练可以细化为物品归类、认识红色、匹配同色物件、认识基本图形、将物取出、猜物这几方面。发展迟缓宝宝的思维水平一般低于普通宝宝，因此针对发展迟缓宝宝的思维训练要注意其实际思维水平，循序渐进，不能跳跃进行。这一部分要求教师了解发展迟缓宝宝的心理发展特点，从宝宝的表现判断其思维发展水平，根据其具体水平进行适合的教学。

1. 物品归类

物品归类，可以通过对宝宝观察力的训练对其思维能力进行提升与强化，此项训练可循序渐进，从单一区分到多种区分。本单元从将不同颜色、不同形状、不同类型物品归类三个训练点展开，期望通过各种宝宝感兴趣的活动、游戏等方法提升宝宝的认知能力。

（1）不同颜色物品归类

★ 活动1：红色和黑色

活动目标： 宝宝能够将黑色和红色的毛线球区分归类

活动准备： 红黑两色毛线球若干

活动过程：

1）教师出示一个红色和一个黑色的毛线球给宝宝看，并介绍线的颜色。

2）教师出示多个红色、黑色的毛线球。教师："老师这里还有好多的毛线球，大家一起说说它们的颜色。"让宝宝观察比较，学会初步分类技能。

3）让宝宝在毛线球前观察，对毛线球的颜色产生一定的印象。

4）教师拿出两个小篮子，说："我们把相同颜色的毛线球放在一起吧"，并将一个黑色和一个红色的毛线球分别放在不同的篮子中。

5）教师引导宝宝将不同颜色的毛线球归类。

◎ **小贴士：** 毛线球的颜色或所用材料种类可以随意变换，教学过程中要防止宝宝误食教具引发危险。

★ 活动2：不同颜色卡片

活动目标： 宝宝能够根据颜色的不同将图片归类

活动准备： 红色及绿色彩笔，相同形状的白色卡片若干，红色及绿色苹果各一个

活动过程：

1）教师给每位宝宝发一张白色卡片，卡片上印有未涂色的苹果让宝宝从红色、绿色彩笔中选择一种他们喜欢的颜色并用所选的彩笔涂卡片。

2）在宝宝填涂的过程中，教师同宝宝交流，告知宝宝所拿的是什么颜色的彩笔，稍后可以问宝宝其画出的是什么颜色，以强化宝宝对颜色的认识。

3）宝宝涂完之后，教师可拿出红色和绿色的苹果，引导宝宝分别说出苹果的颜色，并将两种颜色的苹果分开放置，让宝宝将他们手中的图片放到相同颜色的苹果一边。

4）对表现好的宝宝给予奖励。

(2) 不同形状物品归类

★ 活动1：宝宝能够将不同形状的积木进行归类

活动目标： 可以根据形状的不同对积木进行归类

活动准备： 圆形及方形积木

活动过程：

1）教师准备圆形及方形积木，告知宝宝这两种积木形状的名称，将圆形积木放在地上，让其滚动，也可以引导宝宝让圆形积木进行滚动，之后传递方形积木，让每位宝宝触摸感受方形积木的四个角，以加深其对圆形、方形特征性的认识。

2）告知积木的形状特征后，在两边各放一种形状的积木。

3）让宝宝将混在一起的积木按照不同的形状进行分类。

◎ **小贴士：** 训练之后可让宝宝自由玩耍，以提高其日后对课程的兴趣。

★ 活动2：归类生活中常见的圆形、方形物品

活动目标： 宝宝能够按提示归类生活中常见的圆形、方形物品

活动准备： 圆形、方形物件若干，圆形、方形卡片各一张，纸筐两个

活动过程：

1）教师准备若干圆形和方形物品（苹果、皮球、方手帕、方盒子、橙子），在纸筐上分别贴上圆形、方形卡片。

2）教师："小朋友，这两个纸筐分别是圆形与方形的家，我们把它们分别送回家好吗？"

3）教师引导宝宝分别说出所有物品的形状，如教师："橙子是什么形状的，我们应该把它们送回哪个家呢？"宝宝："橙子是圆的，要把它送回圆形的家。"

4）教师根据宝宝的回答将物品移到相应的纸筐边。如答对，教师要对宝宝说："你真了不起，正确地把它送回了家。"如答错，教师要对宝宝说："这不是它的家，再动动小脑筋吧"，并帮助宝宝找到正确答案。

(3) 常见物品归类

★ 活动1：宝宝能够将常见的玩具进行归类

活动目标： 可以根据提示对常见的玩具进行归类

活动准备： 玩具熊、小汽车数个，两个相同的大筐

活动过程：

1）教师拿出玩具熊和小汽车，对宝宝讲明要将筐中玩具熊和小汽车都分开，让它们找到自己的家后宝宝才可以与其玩耍。

2）教师取出玩具熊和小汽车各一个分别放于两个大筐中，让宝宝将两样物品分别放于相应的筐中。

◎ **小贴士**：训练之后可让宝宝自由玩耍，以提高其日后对课程的兴趣。

★ **活动2：对生活中常见物品根据不同用途进行归类**

活动目标：宝宝能够从吃的、穿的、用的这三个方面对物品进行归类

活动准备：各类物品、卡片等

活动过程：

1）"今天老师给你们带了好多的东西（饼干、糖果、娃娃、小车、裤子、衣服等），你们看一看，都有些什么呢？"教师一样样带领宝宝指认，哪些是吃的，哪些是穿的，哪些是玩儿的，帮助宝宝建立关于吃的、穿的、用的这三种种类概念。

2）教师准备三个小筐，分别贴着吃的、穿的、用的物品的相关图片，并演示把物品分类在不同的筐里。

3）带领宝宝指认物品的名称和用途，并把它们分类放在对应的筐子里。

【活动评估】

发展目标	通过标准	完成情况			起始日期	结束日期	备注
		不会	会一点	全会			
不同颜色物品归类	可以将黑色和红色的毛线球区分归类						
	可根据颜色的不同将图片归类						
不同形状物品归类	归类生活中常见的圆形、方形物品						
常见物品归类	可以根据提示对常见的玩具进行归类						
	宝宝能从吃的、穿的、用的这三个方面对物品进行归类						

2. 图形认知

图形认知是大脑对物体形状或几何图形做出反应。对宝宝图形认知的培养可从基本图形逐一扩展开来。本单元从认识圆形，知道圆形、方形的名称，区别圆形、方形三个训练点展开，期望通过各种游戏、活动提升宝宝的图形认知能力。

（1）圆形的认识

★ 活动1：感知圆形

活动目标： 宝宝能够初步认识生活中常见的圆形物品

活动准备： 各类圆形实物若干

活动过程：

1）教师和宝宝一起做游戏。

　　教师问：小朋友们知道我们现在围成了一个什么形状吗？圆形！今天老师就带大家来认识圆形。

2）教师出示很多圆形的物品，带领宝宝观察触摸。

　　a）教师出示若干圆形的物品，如圆形的盒子、圆的饼干、西瓜图片等。

　　b）教师拿出一个圆形的玩具滚动，让宝宝观察，并介绍车的轮子也是圆形的，所以它能滚动。

　　c）发给每个宝宝几个圆形的玩具，让他们自己去触摸、滚动，感受圆的形状。

★ 活动2：找圆形

活动目标： 宝宝能够正确找出生活中圆形的物品

活动准备： 各类图形卡片，圆形实物

活动过程：

1）教师出示2张（3张，4张）各类图形的卡片，让宝宝从中找出画有圆形物品的卡片。

2）寻找生活中的圆形：带领宝宝到其所生活的环境中找圆形物品。

　　a）寻找教室里的圆形。

　　　让宝宝们观察教室里的布置，找出各类物品中有哪些是圆形的。指一指，说一说。

　　b）寻找校园里的圆形。

　　　带领宝宝到学校的各个角落去找一找，看哪里还有圆形的物品。找一找，说一说。

　　c）布置作业。

　　　要求宝宝回家找一找，家里面有哪些东西是圆形的呢？回来后告诉教师。

（2）知道圆形、方形的名称并能区别

★ 活动1：认识圆形和方形

活动目标： 宝宝能够初步认识圆形和方形两种形状

活动准备： 彩纸，剪刀

活动过程：

1) 教师将彩纸剪成圆形、方形两种不同形状，并反复告诉宝宝这是圆形，这是方形。
2) 教师将两种形状的剪纸分给宝宝。
3) 教师说出一种剪纸的形状并请其中一名宝宝说出他手中剪纸的形状。
4) 宝宝："我的是圆形。"
5) 教师引导宝宝逐个说出自己手中剪纸的形状。

◎ **小贴士：** 此活动后，教师可在下一次活动时直接问宝宝剪纸的形状，以强化其对形状名称的认知。

★ 活动2：区别圆形和方形

活动目标： 宝宝能够将圆形和方形的物品区别开来

活动准备： 圆形、方形卡片，圆形、方形积木

活动过程：

1) 找一找。教师分别拿出圆形、方形卡片。让宝宝说出名称后，教师将卡片分别放于桌子的两边。让宝宝从其余的卡片中分别找出圆形、方形卡片，并归类放于先前教师放在桌子两边的卡片上。
2) 搭积木

　　a) 教师取出圆形、方形的积木，并让宝宝说出积木的形状。
　　b) 教师让宝宝以圆形、方形的积木为材料，自由搭建。
　　c) 教师引导宝宝介绍自己搭建的物品，并说出组成这个物品所用积木的形状。

【活动评估】

发展目标	通过标准	完成情况			起始日期	结束日期	备注
		不会	会一点	全会			
圆形的认识	能初步认识生活中圆形的物品						
	能画圆形，知道圆形的特点是没有角且没有边						
	能正确找出生活中圆形的物品						
知道圆形、方形的名称并能区别	初步认识圆形和方形两种形状						
	能够将圆形和方形的物品区别开来						

3. 颜色认知

研究发现颜色认知发展有很大的个体差异性，因此遵循认识规律，及时对宝宝进行颜色认知的培养与强化对其日后的全面发展至关重要。2岁到2岁半的宝宝的颜色认知的发展主要是对单一颜色的认识。2岁半以后，宝宝便具有分辨不同颜色，从不同色、形的物件中挑出同色物件的能力。本单元从认识红色、匹配一种同色物件两个训练点展开，期望通过各种活动、游戏提升宝宝的颜色认知能力。

(1) 认识红色

★ 活动1：按指示取出红色卡片

活动目标： 宝宝能够按指示从不同颜色的卡片中取出红色卡片

活动准备： 大小相同的红、黄、绿三色圆形卡片数张，纸筐

活动过程：

1）教师将三种颜色的卡片各取一张交予宝宝，让其将卡片分开放于桌面上。
2）教师从纸筐中拿出一张红色卡片，告知宝宝这是红色。
3）让宝宝根据教师手中的颜色从纸筐中找出相同颜色的卡片，并将找到的卡片放于桌面的红色卡片上。

★ 活动2：找出红色气球

活动目标： 宝宝能够按指示挑出红色气球

活动准备： 红、黄、绿三色气球数个

活动过程：

1）教师拿出红色气球交予宝宝，让其自由玩耍，在其玩耍过程中不时强调这是红色，让宝宝充分感受红色。
2）教师将宝宝玩耍的红色气球收起，让宝宝从教师准备的其他三种颜色的气球中找出红色气球。

◎ **小贴士：** 对宝宝来说，气球有很大的吸引力，教师也可运用其他宝宝感兴趣的教具以提升宝宝学习的积极性及参与主动性。

★ 活动3：红绿黄灯游戏

活动目标： 宝宝能够认识红灯，并做红绿灯游戏

活动准备： 塑料圈，红、黄、绿色卡片各一张

活动过程：

1）告诉宝宝游戏规则，让其把塑料圈套在腰部做开汽车的动作，红、黄、绿色卡片

作为相应颜色的交通灯,开车时看见红灯就停下,看见绿灯就继续开,看见黄灯等一等。

2)教师扮演警察,"警察"举红灯的时候说"红灯停",宝宝就要停;"警察"举黄灯的时候说"黄灯等一等",宝宝就等一等;"警察"举绿灯的时候说"绿灯行",宝宝就可以继续开了。提醒宝宝在开车的过程中要注意看信号灯,听"警察"的指挥。

3)在宝宝熟悉后让宝宝扮演警察,分别拿出红、绿、黄色卡片并准确地说出卡片的颜色及对应的交通规则。

(2)匹配同色物件

★ 活动1:匹配红色汽车

活动目标: 宝宝能够从不同颜色的汽车中匹配红色汽车

活动准备: 两种不同颜色的玩具汽车数个,红色卡片

活动过程:

1)教师将三个红色汽车及两个绿色汽车出示给宝宝。
2)反复告知宝宝汽车的颜色。
3)教师拿出红色卡片,让宝宝对照卡片从五辆汽车中拿出与卡片颜色相同的红色汽车。

◎ **小贴士:** 活动也可以运用其他物品,开始选择的物品种类应相同,之后逐步变为不同种类物品。对于程度差的宝宝可将选择的物品减少为三种,让宝宝从两个红色和一个其他颜色的三种物品中匹配同色物件。

★ 活动2:穿同色珠子

活动目标: 宝宝能够根据绳子的颜色找出相同颜色的珠子并穿起

活动准备: 红、黄、绿三种颜色的珠子各数颗,数根不同颜色的绳子

活动过程:

1)教师为每位宝宝准备一根红色的绳子。
2)教师向宝宝说明穿珠的要求并示范穿珠过程。
3)让宝宝围成一圈儿,从盒中挑出与绳子颜色相同的红色珠子,并将珠子穿起来。
4)珠子穿好后,教师通过提问的形式,让宝宝说出所穿珠子的颜色。
5)游戏开始时,先以红色珠子为主,然后逐步增加颜色。
6)教师对表现优秀的宝宝给予奖励。

◎ **小贴士:** 教师在教学过程中要防止宝宝误食珠子。

【活动评估】

发展目标	通过标准	完成情况			起始日期	结束日期	备注
		不会	会一点	全会			
认识红色	按指示从不同颜色的卡片中取出红色卡片						
	能按指示挑出红色气球						
	能认识红灯，并做红绿灯游戏						
匹配同色物件	可从不同颜色的汽车中匹配红色汽车						
	可以按提示匹配一种同色玩具						
	可根据绳子的颜色找出相同颜色的珠子并穿起						

4. 将物取出与猜物

将物取出与猜物的训练，是对宝宝的感知能力、注意力、记忆力、思维能力的综合训练，期望通过本单元的训练，宝宝的认知能力可以有全面的、综合性的提高。

(1) 将物取出

★ **活动1：将玩具从无盖儿盒子中取出**

活动目标：按要求将盒子中的玩具取出

活动准备：大小不同的无盖儿空盒，玩具若干

活动过程：

1) 教师先选择一个较大的空盒，当着宝宝的面将玩具放入空盒中，再示范将放入的玩具取出。
2) 让宝宝模仿把玩具放入大的空盒子中，再将玩具取出。当宝宝已基本掌握放与取的动作时，改换小一些的盒子，让宝宝再练习放与取的动作。
3) 反复训练，从盒子的大小和放入玩具的大小来控制宝宝的训练难度。

◎ 小贴士：

1) 宝宝在取出过程中若遇到困难，教师可以先帮助宝宝取出，之后再将玩具放回盒子中让宝宝取出。
2) 如果宝宝的残疾程度较重，可先选择较大盒子和较小玩具，当宝宝建立足够的信心后，再增加训练难度。

★ **活动2：将长形物从条形床中取出**

活动目标： 宝宝能够独立地将长形物从条形床中取出

活动准备： 细长型物体，手摇鼓

活动过程：

1）教师将宝宝带到条形床边，将长形物体及手摇鼓放入床内。
2）教师示范，先从床上面放入，让宝宝模仿，想办法将长形物从长条床中取出。
3）再次，教师可从条形床间隙放入，让宝宝模仿并想办法将长形物从长条床中取出，逐步增加训练的难度。

◎ **小贴士：** 教师应给宝宝足够多的时间，让其反复实验，直到成功，这样可以很好地提升宝宝的自信心。

（2）猜物

★ **活动1：猜猜看**

活动目标： 宝宝能够注意观察教师正在进行的活动并进行逻辑思考

活动准备： 两只碗，一块积木（或其他小物品）

活动过程：

1）教师出示两只倒扣的碗，其中一只碗扣住积木，另一只碗是空的。然后让宝宝猜一猜积木在哪只碗里。
2）如果宝宝猜对了，教师可增加移动的次数，增加游戏的难度；如果宝宝猜错了，就重来一次，并提醒宝宝注意观察。
3）待宝宝已掌握游戏规律时，可增加到三只碗让宝宝猜猜看。

★ **活动2：猜教师拿走了什么**

活动目标： 能够说出教师拿走了什么

活动准备： 香蕉、橙子、玩具熊、小汽车等

活动过程：

1）教师将香蕉和橙子放于宝宝面前，让宝宝观察一会儿，之后当着宝宝的面把香蕉拿走，让宝宝说一说，教师拿走的是什么水果呢？
2）之后将水果放回，再让宝宝闭眼，将其中一种水果拿出，让宝宝猜教师拿走了什么水果。
3）教师将玩具熊和小汽车出示给宝宝，让宝宝观察一会儿，之后让宝宝闭眼，将其中一种玩具拿出，让宝宝猜教师拿走了什么玩具。

◎ **小贴士：** 此单元训练过程相似，教师可以循序渐进，先从宝宝熟悉的食品、玩具等差别很大的物品开始，逐渐细化至相似度较高的物品进行训练。

【活动评估】

发展目标	通过标准	完成情况			起始日期	结束日期	备注
		不会	会一点	全会			
将物取出	可以按要求将盒子中的玩具取出						
	能够独立地将长形物从条形床中取出						
猜物	能够说出教师拿走了什么						

三 认知能力

四 社会技能

（一）情绪和社交能力

进入2岁时宝宝的情绪表达更加丰富，他们会主动寻求依恋，能用声音表达自己的喜怒，能说出自己的名字，会与同伴争夺玩具等等。宝宝与家人之间的关系更为亲密，这是人发展的一个非常重要的关键期。发展迟缓宝宝情绪情感的发育都差于普通宝宝，所以在这个方面更应加强对发展迟缓宝宝的培养。在教学过程中，要注意保持宝宝对活动的兴趣，使宝宝从人际关系中感受到愉悦，激发宝宝与人交往的愿望。

1. 会回答自己的名字

★ **活动1：应答**

活动目标：培养宝宝清晰发音的能力，使其能够回答出自己的名字
活动准备：镜子若干个，宝宝自己的照片
活动过程：

1）教师把镜子发给宝宝，让宝宝照照自己。
2）教师来到宝宝身边问："镜子里是谁呀？"宝宝回答："我。"教师再问："你叫什么名字？"宝宝回答出自己的名字。
3）教师将照片发给宝宝，问："这是谁？"宝宝回答："我。"教师再问："你叫什么名字？"宝宝回答出自己的名字。

◎ **小贴士**：

1）智力落后的宝宝由于记忆力和理解能力差，反应迟钝，所以当问他"你叫什么名字"时，他可能不像普通宝宝那样回答得快而准确，有些宝宝甚至不能说出自己的名字。所以在日常生活中就要经常叫宝宝的名字。
2）2岁的宝宝吐字发音还不是很清楚，教师在教宝宝说自己的名字时要慢慢教，让宝宝慢慢说，力求让其发音准确，吐字清楚。

2. 能按指示取物

★ **活动1：听指挥**

图 3-21.1　宝宝听到教师指令，把毛巾拿给教师

图 3-21.2　宝宝听到教师指令，把碗和勺拿给教师

活动目标：宝宝能够按教师的指示拿取对应物品

活动准备：毛巾，碗，勺

活动过程：

1）教师将毛巾、碗、勺拿来，请宝宝指认并说出它们的用途。
2）玩儿一个小游戏"听指挥"：教师说出物品的名称，宝宝就把相应的物品递给教师。
3）教师请宝宝把毛巾拿过来（教师用手指着毛巾的方向）。当宝宝把毛巾拿过来后，教师说："谢谢你。"
4）教师依次改变所指示的物品，反复训练宝宝按指示取物。

◎ **小贴士**：智力落后的宝宝反应迟钝，理解能力差，所以按照教师的指令取物对于他们来说是有一定困难的，所以让其必须加强练习。练习时要从宝宝日常生活中最常见到的用品开始，所拿取物品的距离也不要太远，在 1 米左右的距离为宜。

★ **活动 2：我是小小售货员**

活动目标：宝宝能认识各种水果并准确拿取

活动准备：简易货架，各种水果模型

活动过程：

1）教师准备一个简易货架，架子上放着各种宝宝常见的水果模型。
2）先带领宝宝指认一遍架子上的水果，同时告诉宝宝：我们今天要做一个"我是小小售货员"的游戏，一个宝宝当售货员，其他宝宝和老师来当顾客。
3）教师先示范如何当售货员：

一个宝宝走到货架前，

教师问："请问你需要什么水果呢？"

宝宝回答："苹果。"

教师从货架上找到苹果，递给宝宝："给，这是你要的水果。"

4）让宝宝轮流模仿当售货员，其他宝宝当顾客。当宝宝拿取有困难时，教师应在旁边给予一定提示，让宝宝在体验生活模拟场景的同时懂得根据要求拿取物品。

图 3-22　在货架放置水果处，宝宝将水果递给教师

◎ 小贴士：

1）货架上的物品也可以替换成宝宝喜欢的玩具、零食等。

2）教师可以通过增加或减少货架上物品的种类和数量来控制活动的难易程度。

3. 知道选择

★ **活动 1：我会选玩具**

活动目标：宝宝能够自主选择自己喜欢的玩具

活动准备：宝宝喜欢的玩具

活动过程：宝宝坐在垫子上，教师把玩具放在大筐中，教师请宝宝自己选择自己喜欢的玩具，选好后就坐在垫子上玩儿。有些宝宝胆子小，不敢选或者不会选，教师可以把玩具筐拿过来问："你看看，你想玩儿哪个？自己挑一个。"当宝宝拿了一个玩具之后，教师说："你选的这个玩具特别好玩儿，我和你一起玩儿吧。"以此来鼓励宝宝。

★ **活动2：我会自己做决定**

活动目标：宝宝能够选择自己喜欢的活动

活动准备：将教室分成几个区域：玩具区、图书区、绘画区、运动区等

活动过程：

1）教师将宝宝带进教室，并给宝宝介绍各个区的功能：
   在玩具区，宝宝可以玩儿自己喜欢的玩具；
   在图书区，宝宝可以找到自己喜欢的图书并阅读；
   在绘画区，准备了纸和笔，宝宝能在教师的指导下进行绘画活动；
   在运动区，宝宝能进行跑、跳、踢球等活动。

2）在进行初步体验后，让宝宝自主选择自己喜欢的活动区域进行活动。

3）教师应鼓励宝宝进行多方面的尝试，但是前提是得尽量尊重宝宝自己的选择。

◎ **小贴士**：

1）在日常活动中给宝宝提供较多的选择机会，例如在食物、用具、玩具和服装上都尽量让宝宝自己选择，让宝宝学会给自己做决定。

2）在活动中，一定得让宝宝遵守规则，一旦做出选择，在一节活动课中不能更改，不能让宝宝这玩儿一会儿那玩儿一会儿，没有常性。

4. 用声音表示喜怒

★ **活动1：喜怒的声音**

活动目标：宝宝能够懂得什么是喜，什么是怒，并学会用声音表达

活动准备：宝宝高兴地笑和生气发怒的录像以及录音光盘，DVD机，电视机，录音机

活动过程：

1）让宝宝看录像，先看表现高兴的，看完后教师要对宝宝讲，录像中的这个小朋友非常高兴，她在"咯咯"地笑。后看表现生气的，看完后仍然对宝宝讲，这个小朋友的玩具被抢走了，他非常生气，他生气的时候撅着嘴、瞪着眼，还"啊、啊"地嚷着。

2）教师和宝宝做"藏猫猫"游戏，逗宝宝笑，边玩儿教师边说：小朋友真高兴呀，小朋友都在"咯咯"地笑。游戏反复多玩儿几次。

3）教师和助手做"抢玩具"游戏。假设助手的玩具被教师抢走，然后助手生气地噘嘴、瞪眼睛，发出愤怒的"啊、啊"声。教师请宝宝看助手，并告诉宝宝她生气了，她生气的时候会大声叫嚷。

4）教师放"咯咯"地笑和生气地叫嚷的录音，请宝宝听声音分辨，哪个声音是高

兴的，哪个声音是生气的。

◎ **小贴士**：智力落后宝宝的理解能力差，表情刻板，他们对喜怒的情绪分得不是很清楚，一节课的教学可能不会使宝宝学会听声音分辨或表示喜怒，所以教师应进行多次反复教学。

★ **活动2：哭哭笑笑**

活动目标：宝宝能够看懂表情，并学着做出笑、哭、生气的表情
活动准备：小娃娃哭、笑、生气的表情图片各一张，一面镜子（最好是落地大镜）
活动过程：

1）教师出示小娃娃笑的表情图片，说："小朋友们看，小娃娃笑了，笑得多美呀！你也对着镜子笑一笑。"当宝宝对着镜子笑时，教师要赞美宝宝"真美"。

2）教师依次出示小娃娃哭和生气的表情图片，说："你看小娃娃哭了，生气了，多不好看呀！你也对着镜子学学小娃娃。"当宝宝对着镜子做出哭和生气的表情时，教师引导宝宝观察，镜子里那个漂亮的脸蛋儿变得不漂亮了。

3）把三张表情图片及相对应的字卡贴在黑板或墙上，教宝宝唱《表情歌》，并配上相应的动作：

宝宝笑，"哈、哈、哈"，
宝宝哭，"哇、哇、哇"，
宝宝生气撅小嘴儿（做叉腰噘嘴的表情），
宝宝拍手"啪、啪、啪"。

◎ **小贴士**：要让宝宝学会看懂教师的表情，知道自己的哪些行为会让人高兴，哪些行为会让人生气，从而产生自我约束的意识。

5. 懂得表扬与避免批评

★ **活动1：懂得表扬，期待表扬**

活动目标：宝宝能主动做出得到教师表扬的行为
活动准备：一些玩具
活动过程：

1）做一个游戏"找玩具"。教师做出准备上课的样子，然后找玩具（根据上课人数，可以多准备几样玩具），但是怎么也找不到，并说："哎呀，我的玩具哪去了，怎么找不到呀？小朋友快点帮老师找找吧。"当宝宝帮教师找到玩具时，教师要说："谢谢你帮我找到玩具。"使宝宝在游戏中期待教师的表扬。

2）教师平时要多和宝宝做各种各样的游戏活动，在活动中教师注意观察宝宝的表现，当宝宝做出任何良好行为时，都要给予宝宝表扬。例如：在活动中教师的东西掉了，宝宝会马上帮教师捡起来，这时教师就要给予表扬，使宝宝这样良性行为的发生率不断提高。

◎ 小贴士：

1）表扬是宝宝最愿意听到的语言，表扬会使宝宝建立起自信心和成就感，能够激发宝宝探索和学习的兴趣，所以教师要善于表扬宝宝。但是表扬过多会使宝宝骄傲起来，所以教师的表扬要恰当，不宜过多。

2）2岁的宝宝对语言的理解还不是很透彻，所以教师要采用"乖"、"你真棒"、"亲亲你"这样的表扬词语，使宝宝能够听明白教师的语言。

★ **活动2：懂得批评，避免批评**

活动目标：宝宝能够在平时的活动中避免因犯错误而受到教师的批评

活动准备：娃娃或其他玩具

活动过程：

1）教师和助手一起组织宝宝做游戏活动，在玩儿的过程中助手假装打娃娃。

2）教师装作很生气的样子，对助手说："不许打娃娃，这样做不对，再打娃娃就不让你玩儿了！"助手应立即说："嗯，知道了，我错了，不打娃娃了。"

3）让宝宝理解，如果其做错了，是会受到教师的批评的。

◎ 小贴士：虽然批评是宝宝最不愿意听到的语言，但在平时的活动中，对于宝宝错误的行为，教师要及时给予批评和指正，使宝宝知道自己为什么会受到批评。如果不批评宝宝，他就不知道自己做错了，以后错误的行为还会出现。

6. 与同伴分享玩具

★ **活动1：与同伴分享玩具**

活动目标：宝宝能够和同伴分享自己喜欢的玩具

活动准备：小朋友分享玩具的录像，拼插玩具

活动过程：

1）请宝宝先看一遍录像，然后再看一遍，在看第二遍的过程中，边看教师边给宝宝讲："这两个小朋友在分享玩具（你的玩具给我，我的玩具给你），所以他们玩儿得很开心，老师也很喜欢这样的小朋友。"

2）把玩具发给宝宝，请宝宝一起玩儿搭城堡的游戏，游戏中教师要不断表扬和鼓励宝宝把自己的玩具分给其他宝宝，引导宝宝自愿把自己的玩具与同伴分享。

★ **活动2：我们一起玩儿**

活动目标： 宝宝能主动与同伴分享自己喜欢的玩具

活动准备： 宝宝各自喜欢的玩具

活动过程：

1）教师让每个宝宝挑选自己喜欢的玩具，并让宝宝玩儿一会。
2）待宝宝玩儿得差不多时，教师问宝宝：自己喜欢的玩具要和同伴分享才能更好玩儿呢，有谁愿意把自己喜欢的玩具给别的小朋友玩儿吗？
3）当有宝宝愿意时，教师问其他宝宝：那你们谁想玩儿他的玩具呢？
4）待有宝宝提出想玩儿时，教师问：那你愿意把你的玩具也给他玩儿吗？
5）通过上面的方式，教师引导宝宝要学会和同伴分享玩具，并鼓励他们自行进行交换以分享。

◎ **小贴士：** 与同伴分享是一种良性行为，教师应鼓励宝宝的这种良性行为，使这种行为不断得到强化。

7. 愿意和成人在一起

★ **活动1：和教师一样**

活动目标： 宝宝能够愿意重复去做和生活相关的事情，并体验与成人交往的乐趣

活动准备： 录像带，娃娃家务用具：小锅、小铲、小碗、小勺等

活动过程：

1）教师引导宝宝看成人做家务的录像，或观察成人的实际操作，如洗碗、炒菜、扫地等，教师一边做一边向宝宝解说。
2）引导宝宝模仿成人做一些日常生活中的事情。
3）在与宝宝玩儿的过程中，经常提示宝宝："你在干什么？""老师是这样做的。"以丰富游戏的内容。

◎ **小贴士：**

1）在日常生活中，教师可有意识地引导宝宝观察成人在干些什么，是怎样做的。
2）在这项活动中，宝宝通过模仿、操作，可进一步促进其与教师间的关系。

★ **活动2：我们喜欢在一起**

活动目标： 宝宝能够对成人产生依恋，愿意和成人在一起

活动准备： 一个毛绒玩具，妈妈和孩子亲昵地在一起玩耍、亲吻、拥抱的录像

活动过程：

1）教师先放录像请宝宝看，边看边给宝宝讲：妈妈喜欢宝宝，宝宝也喜欢妈妈，宝宝愿意和妈妈在一起。

2）教师和宝宝一起玩儿游戏（坐在地垫上玩儿），边玩儿边和宝宝亲吻、拥抱。让宝宝感受与成人在一起时的安全感和幸福感。

【单元评估】

发展目标	通过标准	完成情况			起始日期	结束日期	备注
		不会	会一点	全会			
会回答自己的名字	能够回答出自己的名字						
能按指示取物	宝宝能按教师的指示拿取对应物品						
知道选择	宝宝能够自主选择自己喜欢的玩具或游戏						
用声音表示喜怒	宝宝懂得什么是喜，什么是怒，并学会用声音表达						
懂得表扬与避免批评	宝宝能主动做出得到教师表扬的行为						
	宝宝能在平时的活动中避免因犯错误而受到教师的批评						
与同伴分享玩具	宝宝能主动与同伴分享自己喜欢的玩具						
愿意和成人在一起	宝宝能对成人产生依恋并愿意与成人在一起						

四 社会技能

（二）生活自理能力

随着年龄的增长，宝宝的生活自理能力也逐步加强。宝宝每天和妈妈（照顾者）在一起，看到的就是妈妈（照顾者）每天所做的生活琐事，如打水、洗脸、替宝宝穿衣服等。2岁的宝宝已经能够模仿，当他看到妈妈（照顾者）做这些事情时就想模仿，并在模仿过程中逐步学会了穿脱衣服、擦嘴、洗手、倒水等日常活动。但是残疾宝宝由于身体和智力原因，要达到这个水平有一定的困难，所以除了在课堂中的教学，教师更应将训练内容融入在日常生活中，让残疾宝宝对日常生活技能进行反复练习及应用。

1. 帮助成人做家务

★ **活动1：我会帮老师摆餐具**

活动目标： 宝宝有做家务的兴趣，并能正确地摆放餐具
活动准备： 碗，勺若干
活动过程：

1）听故事《帮妈妈》：

> 故事内容：今天天气很热，小袋鼠和妈妈一起去菜场买菜。快到中午了，袋鼠妈妈买了许多蔬菜和水果，妈妈提着重重的篮子往前走，大滴大滴的汗珠啪嗒啪嗒地掉下来，小袋鼠坐在妈妈的袋子里看着妈妈辛苦的样子，它想，要是我能帮妈妈就好了。于是它从袋子里跳出来，对妈妈说："妈妈，您把菜和水果都放到袋子里，我可以自己走。"妈妈高兴地说："好孩子，真懂事！"妈妈把蔬菜和水果放到袋子里，小袋鼠和妈妈一起走回家去了。

2）告诉宝宝现在就来学习帮助妈妈做事情。
3）教师示范摆餐具的步骤，引导宝宝模仿：
 a）拿起勺；
 b）将勺放在与宝宝所坐的位置相对应的桌子上；
 c）双手端碗；
 b）走向桌子；
 e）放下饭碗。

◎ **小贴士：**

1）2岁的宝宝自身的平衡能力控制得还不是很好，动作也不够熟练，所以在一开始练习时需要选择那些安全系数高的活动，例如发碗、发勺，或者叠小手绢等。

2）待宝宝掌握摆餐具的技能后，还可继续训练宝宝其他的家务，以培养其爱劳动的良好习惯。

2. 用杯喝水

★ **活动：我会拿杯喝水**

图 3-23.1　宝宝双手握杯（杯中已经倒入水）

图 3-23.2　宝宝把杯放到唇边

图 3-23.3 宝宝在教师的指导下喝完水

活动目标： 宝宝能够自己拿杯喝水

活动准备： 水杯

活动过程：

1）教师把水杯发给宝宝，告诉宝宝："这个是水杯。"
2）教师告诉宝宝："现在我们就用水杯来喝水。"
3）教师示范喝水的动作，让宝宝模仿学习：
    a）坐好；
    b）双手握杯（杯中已经倒入水）；
    c）把杯放到唇边；
    d）慢慢抬高双手，喝水。

◎ **小贴士：**

1）2岁的宝宝应该脱离奶瓶，改用水杯喝水了，所以这个年龄段应加强用水杯喝水的训练。
2）在初次用杯喝水时，一定要让宝宝双手握杯，确保杯子拿得平稳，水不洒出来。
3）痉挛型脑瘫宝宝拇指内收，所以在这一类宝宝喝水前应先为其做牵伸，使宝宝拇指外展，然后由教师帮助宝宝双手握杯，再喝水。

3. 咀嚼食物

★ **活动1：宝宝能够咀嚼食物**

活动准备： 碗或盘若干，食物（小馒头）

活动过程：

1）做"口腔操"：

  a）按摩口周肌肉：双手先按住上唇按摩，然后按住下唇按摩。

  b）轻轻牵拉嘴唇：双手的食指分别按着左右上唇轻轻向下牵拉，然后再按着左右下唇轻轻向上牵拉。

图 3-24.1 宝宝坐在桌前，伸手拿放在盘中的食物

图 3-24.2 宝宝坐在桌前，将食物放入口中

图 3-24.3　宝宝坐在桌前，咀嚼食物

　　　　c）舔嘴唇：用舌头分别舔嘴唇的上、下、左、右。
　　2）教师出示食物，引发宝宝吃的兴趣。
　　3）教师将食物放在碗内（盘子内），让宝宝用手去拿食物吃，并示范吃的步骤，让宝宝模仿学习：
　　　　a）坐好；
　　　　b）伸手拿去食物；
　　　　c）将食物放入口中；
　　　　d）咀嚼食物；
　　　　e）吞咽食物。

◎ 小贴士：
　　1）咀嚼是人的非常重要的生理活动，只有学会了咀嚼，才能吃块状的食物。但在一开始练习时，宝宝的咀嚼能力还不稳定，需用易嚼的食物来练习，例如小馒头、饼干这类食物，绝不能使用糖块、果冻、水果这类食物进行练习。
　　2）脑瘫宝宝咀嚼能力和吞咽能力都差，在训练时教师要特别小心，可把饼干掰成小块喂宝宝，而且要让宝宝慢慢嚼，告诉宝宝不要着急，吞咽时也要慢点，避免噎食。

4. 饭后用毛巾擦脸、手、嘴

★ **活动 1：脸儿手儿真干净**

活动目标：宝宝能够用毛巾擦脸、手、嘴，养成饭后擦脸、手、嘴的好习惯

活动准备：毛巾若干

活动过程：

1）念儿歌《脸儿手儿真干净》，做手部活动。

　　　小毛巾，长又长（动作：宝宝双手合十然后慢慢分开，一直分到身体两侧，表示毛巾长又长），

　　　天天为我服务忙（动作：宝宝双臂屈曲在胸前交叉，双手放在肩前，表示"天天为我服务"），

　　　擦脸擦手还擦嘴（动作：宝宝右手手指伸直轻轻擦脸，再双手一起做擦手动作，最后用手做擦嘴的动作），

　　　脸儿手儿真干净（动作：宝宝把双手伸出来，手心向上，表示"真干净"）。

2）教师给宝宝讲："小朋友要保持好的卫生习惯，在饭后一定要用毛巾擦嘴。"

3）教师示范用毛巾擦嘴的动作，指导宝宝模仿学习：

　　a）拿起毛巾；

　　b）把毛巾平放在手上；

　　c）把毛巾贴在脸上；

　　d）擦脸和嘴；

　　e）一只手拿毛巾擦另一只手；

　　f）换手拿毛巾，再擦另一只手。

图 3-25.1　宝宝坐在椅子上，把毛巾平放在手上

四　社会技能

图 3-25.2 宝宝坐在椅子上，把毛巾贴在脸上

图 3-25.3 宝宝坐在椅子上，一只手拿毛巾擦另一只手

◎ 小贴士：

1) 此项活动比较复杂，分别要擦脸、嘴和手，宝宝的自理能力还不强，有可能只擦嘴，而忽略了擦手和脸，所以教师必须注意宝宝动作的连贯性，要让宝宝把脸、嘴、手都擦到。

2) 脑瘫宝宝做此项活动有很大困难。痉挛型宝宝拇指内收，把毛巾平放在手上去擦脸和嘴对于他们来说确实很困难，教师可以让他们捏着毛巾擦脸和嘴。

3）徐动型宝宝固定困难，双手的稳定性差，所以，他们在擦的时候必须一手固定，另一只手拿着毛巾擦脸和嘴。他们在擦手的时候，教师要固定他们的肘关节和前臂，然后再让他们拿着毛巾擦手。

5. 会在水龙头下洗手

★ **活动1：我会洗小手**

教学目标： 宝宝会在水龙头下洗手

活动准备： 盥洗室

活动过程：

1）教师将宝宝的衣袖卷起来，卷至肘关节处，讲解洗手的步骤：

a）站好；

b）伸出双手把手浸湿；

c）搓手心；

d）搓手指；

e）搓手背。

2）让小朋友跟着教师练习几遍，可以边念儿歌边练习：

> 小朋友们来洗手，
> 先搓小手心，
> 再搓小手指，
> 最后搓搓小手背，
> 看谁洗得最干净。

3）教师打开水龙头（水流细小），请宝宝在水龙头下洗手，边念儿歌边洗，在洗的过程中教师给予指导，告诉宝宝要让水冲到小手上，这样才能洗干净。

◎ **小贴士：**

1）这样的活动和让宝宝玩儿水一样，对其很有吸引力，宝宝很愿意投入到这项活动中去。但是直接用流出来的水洗手，水会很凉，所以这堂课不适宜在寒冷的季节进行，要选择天气暖和的时候上课。

2）痉挛型脑瘫宝宝的拇指内收，肌肉紧张，上课时教师应该帮助脑瘫宝宝做一下手的牵伸，使宝宝拇指外展，其余手指也伸直后再去洗手。

6. 会穿、脱袜子

★ **活动1：我会穿袜子**

活动目标： 宝宝会自己穿、脱袜子
活动准备： 袜子若干，大垫子

图 3-26.1　宝宝坐在坐垫上，一条腿伸直，将一只脚搭在另一条腿的膝盖上；袜子分好上下，双手拿着袜口，把袜子套在脚趾处

图 3-26.2　宝宝坐在坐垫上，一条腿伸直，将一只脚搭在另一条腿的膝盖上，把袜子向上拉，穿好袜子

活动过程：

小游戏"袜子妹妹的话"

1）教师把一只袜子套在手上，画上眼睛、鼻子、几根头发，扮作袜子妹妹，说："我是袜子妹妹，小朋友们你们都会自己穿袜子吗？要是不会那就快点学学吧。"

2）教师引导宝宝伸出自己的小脚，并示范脱袜子，让宝宝模仿学习：

    a）坐好；

    b）将一只脚搭在另一条腿的膝盖上；

    c）伸直一只手抓住袜子的前部；

    d）将袜子脱下来；

    e）换另一只脚做相同的步骤。

3）教师让宝宝拿着脱下的袜子，教宝宝认识袜子口，袜子的正面和反面，并学习怎么穿袜子：

    a）坐好；

    b）双手拿着袜口（正面向上，脚跟处向下）；

    c）一条腿搭在另一条腿的膝盖上；

    d）把袜子套在脚趾处；

    e）把袜子向上拉；

    f）穿好袜子；

    g）以同样的方法换另一只脚穿袜子。

4）让宝宝进行多次训练，直到其能熟练掌握为止。

◎ **小贴士：**

1）由于宝宝穿袜子的动作还很不熟练，应选择短袜，便于宝宝穿、脱。

2）穿之前教师要把袜子的里面检查一遍，看看是否有长的线头，如果有就剪下来，避免缠住宝宝的脚趾。

3）对脑瘫宝宝来说，穿袜子是一项重要的日常生活技能，应作为重点训练项目对其进行训练，穿袜子之前先要让脑瘫宝宝坐好（保持正确坐姿），然后再穿。

7. 会穿外衣

★ **活动1：我会穿套头衫**

活动目标： 宝宝会自己穿上套头衫

活动准备： 套头衫，大垫子

活动过程：

1）教师出示套头衫，并告诉宝宝这个叫"套头衫"，然后让宝宝玩儿一会。

2）教师给宝宝讲哪是领口，哪是袖子，哪是正面，哪是反面。

3）教师让宝宝寻找并指出正确位置，例如，教师说："请小朋友告诉我，哪里是领口呀？"小朋友就用手指出衣服领口所在的位置。

4）教师教宝宝穿套头衫。教师先做示范，让宝宝模仿学习：

a）坐在垫子上（或坐在床上）；
b）双手拿起衣服放到垫子上（或床上），让衣服的背面朝向自己；
c）先拿起衣服套到自己的头上并穿到颈部；
d）左右手依次伸进袖子里；
e）将衣服拉顺，整理好。

◎ **小贴士**：宝宝在寻找袖子时，会发生前后颠倒的情形。教师可以帮宝宝拿着一只衣袖，这样宝宝就很容易将手伸进去了。

★ **活动 2：我会穿（带扣或带拉链）外衣**

活动目标：宝宝会自己穿上（带扣或带拉链）外衣
活动准备：外衣，大垫子
活动过程：

1）教师出示外衣，并告诉宝宝这个叫"外衣"，然后让宝宝玩儿一会。
2）教师给宝宝讲哪是领子，哪是袖子，哪是里面，哪是外面。
3）教师让宝宝寻找并指出正确位置，例如，教师说："请小朋友告诉我，哪里是领子呀？"宝宝就用手指出衣服领子所在的位置。

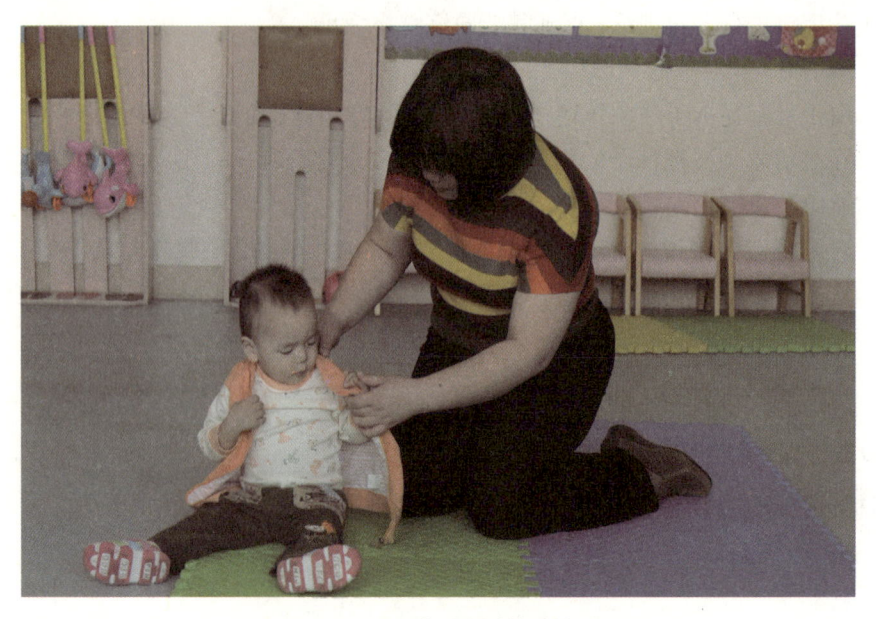

图 3-27.1 宝宝将一只手伸进袖子里

图 3-27.2　宝宝将另一只手穿过袖子

4）教师教宝宝穿外衣。教师先做示范，让宝宝模仿学习：
    a）坐在垫子上（或坐在床上）；
    b）双手拿起衣领，将外衣的里面向着自己；
    c）一只手拿着外衣的领子；
    d）另一只手伸进外衣的袖子；
    e）将袖子向上拉，拉至肩部；
    f）没有穿衣袖的手从身体后面将外衣拉过来；
    g）已经穿上袖子的手抓住领口，将另一只手伸进袖子里；
    k）整理衣服（对扣子和拉拉链暂时不做要求）。

◎ 小贴士：在脑瘫宝宝穿外衣时，首先要让他们保持正确坐姿，腰背挺直，这样才能使自己坐得稳，保持身体平衡，坐好后再穿。有些运动功能障碍严重的宝宝，需要教师给予帮助，以增加其学会穿衣服的信心。

8. 会穿长裤

★ 活动1：我会自己穿长裤

活动目标：宝宝会自己穿长裤
活动准备：大娃娃一个，宝宝长裤若干条（与宝宝数相同），大垫子一个
活动过程：
    1）让宝宝在垫子上做活动：宝宝双腿伸直，双手在身侧后按住垫子，双腿反复做分

开合拢；宝宝双腿反复屈伸。

2）教师出示裤子，并告诉宝宝，今天练习穿裤子。

3）把裤子发给宝宝，教师抱着大娃娃，娃娃的脸向外，教师示范给娃娃穿裤子，宝宝跟着学，教师做一个动作，宝宝学一个动作，最后把裤子穿上：

    a）坐在垫子上（或床上）；

    b）双手拿起裤子；

    c）一腿伸直，一腿屈曲；

    d）将屈曲的腿伸进裤子里；

    e）将裤子向上拉（拉至膝盖以上），屈曲的腿慢慢伸直；

    f）将另一条腿屈曲；

    g）将这条腿伸进裤子里；

    h）将裤子慢慢向上拉（拉至膝盖以上），屈曲的腿慢慢伸直；

    i）双手放在身体的两侧；

    j）慢慢站起来，双手抓住裤腰向上拉穿好裤子。

◎ 小贴士：应对宝宝进行反复训练，并让宝宝尽量自己动手解决。

9. 会解衣扣

★ **活动1：我会解衣扣**

活动目标： 宝宝会自己解衣扣

活动准备： 有纽扣的外衣

活动过程：

1）向宝宝展示外衣，并告诉宝宝哪儿是纽扣，哪儿是扣眼，并在宝宝面前演示解纽扣，让宝宝模仿学习：

    a）拿起外衣；

    b）将衣服转到正面；

    c）一手拿着衣襟，一手拿着扣子；

    d）将扣子从扣眼中推出来。

2）教师把外衣的扣子扣上，将外衣发给宝宝，请宝宝把扣子解开。

3）把外衣穿在宝宝身上，并将纽扣系好，再请宝宝解纽扣。

◎ 小贴士：应对宝宝进行反复训练，并让宝宝尽量自己动手解决。

10. 会用香皂洗手

★ **活动1：我会用香皂洗手**

活动目标： 宝宝会用香皂洗手

活动准备： 香皂，脸盆，水

活动过程：

1）出示洗手用具，引发宝宝活动的兴趣：教师将用具盖起来，分别出示香皂、脸盆、水，然后请宝宝注意观看，然后提问："教师拿来这些东西要干什么呢？"宝宝回答"洗手！"

2）在脸盆里倒入适量的水，教师先示范如何用香皂洗手，再让宝宝模仿学习：

　　a）将手浸湿；

　　b）拿起香皂；

　　c）往手上打香皂；

　　d）搓手心、手背；

　　e）把双手浸在清水中清洗香皂泡。

3）将盛有水的脸盆发给宝宝，教师带领宝宝洗手，边洗边念儿歌《洗手》：

> 洗，洗，洗手心，
> 洗，洗，洗手背，
> 打，打，打香皂，
> 搓，搓，搓一搓，
> 冲，冲，冲干净，
> 小手洗得真干净。

◎ **小贴士：**

1）宝宝还小，对于他们来说，搓皂时出现的许多泡泡很好玩儿，他们就会把洗手变成了游戏，如果这时宝宝再去揉眼睛，香皂泡就会刺痛眼睛，所以教师一定要看好宝宝。

2）我们设计的是用脸盆洗手，宝宝个子矮、手臂短，不注意的话可能会把脸盆打翻，所以脸盆里的水不能放置过多，教师可让宝宝站起来洗手，避免宝宝把水盆打翻。

四　社会技能

11. 会擦干手

★ **活动1：我会擦干手**

活动目标： 宝宝会用毛巾把手擦干

活动准备： 毛巾

活动过程：

1）教师先带领宝宝复习怎么洗手，然后提问：
 "现在，我们的手湿湿的，怎么办呢？应该用毛巾把手擦干。"

2）教师先示范，然后带领宝宝模仿练习：
 a）拿过毛巾，擦手；
 b）擦手心；
 c）擦手背；
 d）放下毛巾。

3）教师把毛巾发给宝宝，指导宝宝练习用毛巾把手擦干，边擦边念儿歌：

> 拿起毛巾擦擦手，
> 擦手心，擦手背，
> 放下毛巾举起手，
> 小手变得真干净。

图 3-28　宝宝用毛巾擦手心

12. 倒水

★ **活动1：我会倒水**

活动目标：宝宝会倒掉容器里的水

活动准备：小脸盆，杯子

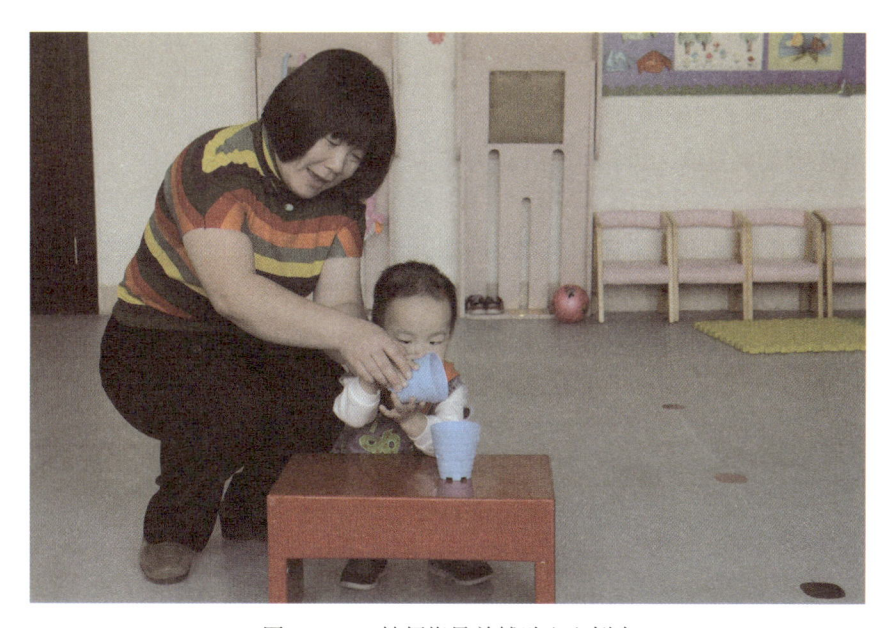

图 3-29.1 教师指导并辅助宝宝倒水

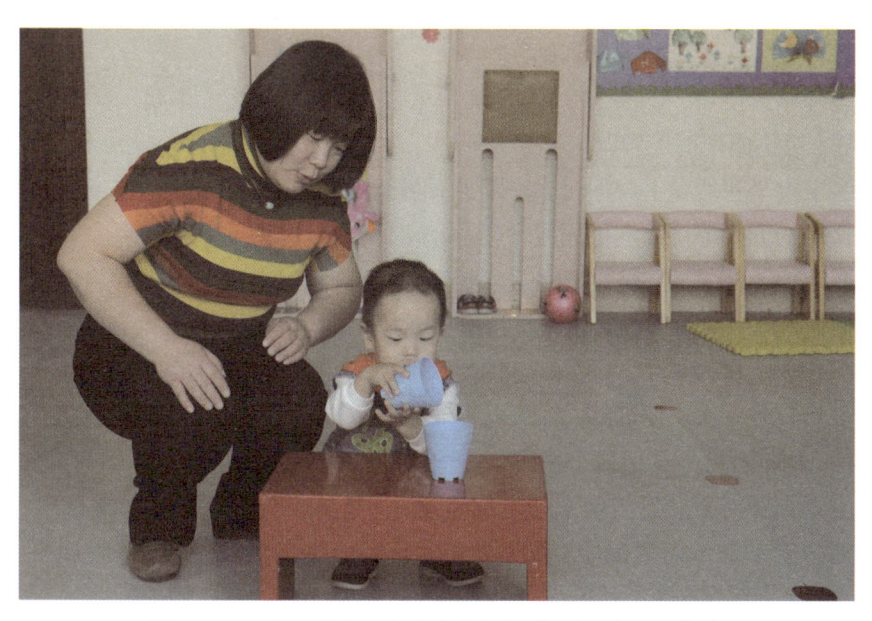

图 3-29.2 宝宝独自拿起盛有水的杯子，向空杯子里倒水

活动过程：

1）先让宝宝玩儿水：在脸盆中倒入一些水，再发给宝宝一个杯子，请宝宝随意地在盆中盛水、倒水。

2）教师示范从一个杯子向另一个杯子倒水，宝宝观察，然后请宝宝倒水：

  a）坐好；

  b）拿起空杯子；

  c）拿起盛有水的杯子；

  d）向空杯子里倒水。

3）可让宝宝反复倒，以增加其活动兴趣。

◎ **小贴士：**

1）2岁的宝宝端拿杯子还很不稳，易摔，易洒，在练习的过程中，教师可以让宝宝拿带把的塑料杯来练习。另外，杯子里放置的水不宜过多。

2）这项活动对于脑瘫宝宝来说具有相当难度，所以在一开始练习时可让他们使用脸盆，避免水洒到桌子上或地上。

13. 如厕（坐盆）

★ **活动1：我会如厕**

活动目标： 宝宝能够在便盆上小便

活动准备： 便盆

活动过程：

1）告诉宝宝要进行"坐盆训练"。

2）教师拿过便盆，告诉小朋友：老师手里拿着的就是便盆，小朋友要坐在便盆上尿尿，可不能把裤子尿湿了。

3）当宝宝坐在便盆上尿尿时，教师要不断地跟宝宝说话，或者给宝宝讲故事，通过这样的方式等待宝宝把尿尿在便盆里。

4）当宝宝小便之后，教师把便盆拿到宝宝面前，请宝宝看一下，并告诉宝宝："看，你做到了，真棒！下次还尿在盆里。"

◎ **小贴士：**

1）虽然只是一次小便训练，教师也要注意表扬宝宝，使宝宝获得成就感，建立起自信，相信自己不会把裤子尿湿。

2）坐盆训练对于脑瘫宝宝来说更加重要，保持裤子整日不湿是非常重要的日常生活技能。在练习过程中，教师要注意让脑瘫宝宝双腿分开，双脚放平，腰背挺直，保持正确坐姿。

3）对于能力强的宝宝，可以训练其使用小马桶。

四 社会技能

【单元评估】

发展目标	通过标准	完成情况 不会	完成情况 会一点	完成情况 全会	起始日期	结束日期	备注
帮助成人做家务	宝宝能正确地摆放餐具						
从杯中喝水	宝宝会自己拿杯喝水						
咀嚼食物	宝宝会咀嚼食物						
饭后用毛巾擦脸、手、嘴	宝宝会用毛巾擦脸、手、嘴						
会在水龙头下洗手	宝宝会在水龙头下洗手						
会穿、脱袜子	宝宝会自己穿脱袜子						
会穿上外衣	宝宝会自己穿上外衣（套头衫或开衫）						
会穿长裤	宝宝会自己穿长裤						
会解衣扣	宝宝会自己解衣扣						
会用香皂洗手	宝宝会用香皂洗手						
会擦干手	宝宝会用毛巾把手擦干						
倒水	宝宝会倒掉容器里的水						
如厕（坐盆）	宝宝懂得在便盆上小便						

福利院发展迟缓儿童特殊教育课程方案

福利机构发展迟缓儿童教育是我国教育的一个有机组成部分，为满足发展迟缓儿童的特殊教育和康复的需要，特制订本方案。课程设置应体现先进的特殊教育思想，符合特殊教育的基本规律和特点，尊重发展迟缓儿童的人格和权利，遵循发展迟缓儿童身心发展规律，坚持保教结合和游戏为主的原则，关注个别差异，为促进其身心全面和谐发展奠定基础。

一、课程目标

全面贯彻国家的教育方针，体现社会文明进步的必然要求，促进发展迟缓儿童的全面发展。促进发展迟缓儿童身体正常发育和机能的协调发展，增强其体质；使其养成健康的行为习惯，具有良好的生活、卫生习惯和基本的生活自理能力，具有一定的环境适应能力。培养发展迟缓儿童的语言接受和表达能力，使其基本理解和遵守日常生活中基本的社会行为规则，能参与社会活动。激发发展迟缓儿童对周围的事物和现象的兴趣、好奇心、求知欲，促进其运动、认知、语言、情感、社会行为等方面的发展。

二、课程设置原则

（一）保教结合

"保"就是保护儿童的身心健康，"教"即教育、教学，这是按照体、智、德、美的要求，有目的、有计划地对儿童进行全面发展的教育。保和教是相依相存的，要注意保中有教，教中有保，保教相结合。

（二）教育与康复结合

课程应针对发展迟缓儿童的残疾类型及身心缺陷的程度，注意吸收现代医学和康复技术的新成果，融入物理治疗、职业治疗、言语治疗、心理咨询和辅导、职业康复和社会康复等相关专业的知识，促进其健康发展。

（三）活动与游戏结合

课程的实施应针对发展迟缓儿童的基本特点和需求，以活动和游戏为主要方式。课程内容的选择应注重趣味性，在教学中尽量创设各种情境，使儿童在轻松愉悦的氛围中产生对活动的兴趣，调动其学习的积极性和主动性。

（四）生活适应与潜能开发结合

课程设置要强调发展迟缓儿童积极生活态度的养成，注重对其生活自理能力和社会适应能力的培养与训练，关注其潜能的开发，培养个人才能。

（五）规定性与自主性结合

课程实施中，要注意选择符合特殊教育需要的内容，同时，要根据当地的社会、文化、经济背景、各福利院自身的特点与条件以及儿童个体的独特需求，增加教育训练内容，体现课程的灵活性和多样性。

三、课程内容

考虑到福利院目前所招收的为0~6岁的孤残儿童，我们将福利院的教学确定在以下四个方面：运动技能、认知能力、语言能力和社会技能。具体包括：

（一）运动技能（0~6岁）

1. 粗大运动技能
2. 精细动作技能

（二）认知能力

1. 0~3岁年龄段的教学内容：（1）感知觉（2）注意（3）记忆（4）思维
2. 4~6岁年龄段的教学内容：（1）对数字的认识（2）对颜色的认识（3）对形状的认识（4）其他认知能力

（三）语言能力：语言的理解与表达（0~6岁）

（四）社会技能（0~6岁）

1. 生活自理技能
2. 社会性技能

四、课程设置

年龄段	语言沟通	认知	生活适应	动作训练	运动与保健	音乐与律动	绘画与手工	康复训练	院本课程
0~1	5	2	0	6	1	1		2	
1~2	5	3	0	6	2	1		3	
2~3	5	3	1	3	2	2	1	4	1
3~4	5	3	2	3	2	2	1	4	1
4~5	5	3	2	3	2	2	2	4	2
5~6	5	3	2	3	3	2	2	5	2

表1 福利院课程计划表（节/周）

五、课程说明

首先，发展迟缓儿童主要是指生活在福利院的脑瘫儿童、智障儿童、自闭症儿童、多重残疾儿童以及其他类型的残疾儿童。每周课时可以根据福利院的具体情况进行调整。

其次，本方案建议设置如下课程：

语言沟通——培养0~6岁发展迟缓儿童的语言理解和表达的能力，重点在听说能力的训练上，从而促进其能够更好地与人沟通。

认知——培养0~3岁发展迟缓儿童在感知觉、注意、记忆和思维等方面的能力，培养4~6岁孤残儿童对数字、颜色和形状等方面的认识，从而促进其整体认知能力的提高。

生活适应——以提高发展迟缓儿童的生活能力为目的，以其当前及未来生活中的各种生活常识、技能等为课程内容。重点培养其对生活自理能力、简单家务劳动能力、自我保护能力和社会适应能力的掌握。

动作训练——以提高发展迟缓儿童的动作能力，增强其手、足肢体器官的力量和灵活性为主要目的，训练其眼手协调能力和大肌肉活动能力，为今后的学习和生活打下基础。

运动与保健——以提高发展迟缓儿童的运动能力，增强其身体素质，养成健康的生活方式为目的。通过体育活动，训练发展迟缓儿童的反应能力和协调平衡能力，刺激其身体各器官的发育，以增强体质。学习基础的卫生保健知识，培养良好的卫生习惯。

音乐与律动——将音乐律动与舞蹈、游戏相结合，通过音乐教学、音乐游戏和律动训练培养发展迟缓儿童的听觉、节奏感和音乐感受能力，补偿其认知缺陷，提高其动作协调能力，促进其身心和谐发展。

绘画与手工——通过绘画与手工的教学，培养发展迟缓儿童的视觉、观察、动手能力和审美意识，提升其审美的情趣。

康复训练——根据发展迟缓儿童生理和心理的需求以及不同类型的缺陷程度和性质，安排不同的康复训练项目。可以开设言语治疗、物理治疗、职业治疗、感觉统合、心理辅导等课程。

院本课程——福利院可根据地域特征、社会环境、经济文化发展的特点，以及发展迟缓儿童的实际生活需要，设置和开发具有本院特点的课程。课程的开设应当充分利用和发掘学校与地方的课程资源，例如福利院可以结合自身的特点开设健康教育、休闲、编织等院本课程。

另外，具体课程实施可参照以下几点：

1. 每节课上课时间一般为10~20分钟，可根据发展迟缓儿童的身心特点和课程的性质进行适当调整。

2. 每门课程之间并非是完全独立的，在实施本课程方案的过程中，要注意各门课程间的互相渗透。要切实依据发展迟缓儿童的身心特点，为其提供最适合的教育与训练内容。

3.福利院应全面推进个别化教育,为每位发展迟缓儿童制订和实施个别化教育计划。

4.教师应关注发展迟缓儿童的表现和反应,敏感地察觉其需要,尊重其发展水平、能力、经验、学习方式等方面的个体差异,努力满足其特殊需要,促进其健康成长。教师要善于发现这类儿童感兴趣的事物、游戏和偶发事件中所隐含的教育价值,把握时机,积极引导。

5.教师应在教育教学活动中为发展迟缓儿童提供参与的机会,尽可能多地鼓励他们。要根据发展迟缓儿童的身心特征,充分调动其各种感官去感知事物,使之在参加活动的过程中认知和掌握事物的特征与属性以及生活知识经验,培养其独立解决问题的能力。

最后,教育评价是教育工作中的重要组成部分,是了解和改进教育的适用性、有效性,提高教育质量的必要手段。管理人员、教师、受教育者均是福利机构教育评价工作的参与者。每次教学活动结束后,大家要及时对之评估并进行教学反思。

后 记

时光如梭，岁月倥偬。15年来，中国宋庆龄基金会与富邦文教基金会提供资金和专业服务，对一些地区的儿童福利机构予以资助和支持。本着为福利机构提供专业的教育和康复服务的意愿，为孩子们的未来开辟一条通往社会生活的必由之道，我们满怀真诚，凝聚大爱，将社会力量与学术力量融合为一，为这些机构编写了一套特殊教育教材，以满足教师们进行特殊教育的需要。

目前，我国有上千所福利机构，大多是专门收养孤残儿童的福利院。在这些机构里，生活着大量的发展迟缓儿童。孤残儿童的现实生存和未来发展状况的优劣，完全取决于各级政府是否能够为他们提供满足其发展需要的养育条件，也取决于特殊教育的发展能力和水平。为发展迟缓儿童提供必要的生存、发展、受保护和参与社会生活的机会和条件，提高其福利水平，发挥其潜能，将为其一生的发展奠定重要基础。

为特殊教育的对象提供有质量、有尊严的生活，一直是党和政府关心并重视的事情。对发展迟缓儿童提供系统化的教育和康复服务，是保障其公民权益、提高其生存发展状况的根本措施。

本项目得到了中国宋庆龄基金会、富邦文教基金会、中国儿童福利和收养中心的热心指导，得到了如下领导及学者的支持和帮助，他们是：李宁、李希奎、邵秀华、陈韬、李波、张世峰、铁玲、冀刚、李玉春、杨铭钦、阙瑞纹、吴英黛、王刚玉、周琼等。

本套教材由北京师范大学特殊教育系专家编写。对全国部分省、市、自治区福利机构的一线教师和特殊教育研究者的支持和参与，在此一并表示感谢。